DICTIONNAIRE

DE

L'ACADÉMIE FRANÇAISE,

SIXIÈME ÉDITION DE 1835,

SUIVI

DU COMPLÉMENT (1)

DU DICTIONNAIRE DE L'ACADÉMIE,

PUBLIÉ PAR MM. FIRMIN DIDOT FRÈRES,

IMPRIMEURS DE L'INSTITUT DE FRANCE.

L'ACADÉMIE française, instituée en 1635, a célébré récemment, après deux siècles, l'anniversaire de sa fondation en publiant la sixième édition de son Dictionnaire, ce précieux héritage littéraire légué par Richelieu, enrichi et perpétuellement amélioré par les méditations et les travaux de toutes les illustrations qui se sont succédé au sein de l'Académie française.

C'est à ce monument littéraire, fondé depuis deux siècles par la volonté d'un grand homme et par le concours de tant de beaux génies, que la France doit l'avantage de cette unité de langage qui est l'une des plus fortes bases de notre puissance politique; et c'est le Dictionnaire de l'Académie qui, retenant au dedans les écarts de la langue, et la circonscrivant aux besoins réels d'une civilisation progressive, répand dans le monde entier la connaissance d'une langue inférieure peut-être aux langues anciennes, mais préférable aux modernes par son éminente clarté, la logique de sa construction et sa simplicité, qui n'est dépourvue ni de force ni d'élégance.

Un intérêt puissant est attaché au Dictionnaire de l'Académie, lorsque l'on songe que, dans le XVIIe siècle, ce fut par les soins et devant des juges tels que Corneille, Pascal, Boileau, Bossuet, et Racine, que furent rédigés et discutés chacun des mots qui composèrent le Dictionnaire de cette langue que créaient alors ces grands écrivains; que ce fut, dans le XVIIIe siècle, par les soins de d'Alembert, Marmontel et Duclos, et devant des juges tels que Voltaire, Buffon, Montesquieu, etc., que chaque article fut revu et approuvé, et que cette belle langue littéraire, telle que l'avait fondée le siècle précédent, s'est empreinte de cet esprit philosophique qui enfantait l'Encyclopédie; que ce fut enfin, dans notre siècle, par les soins persévérants des secrétaires perpétuels de l'Académie française Morellet, Suard, Raynouard, Auger, Andrieux, Arnault et Villemain, que fut rédigée, au milieu de tant d'agitations politiques qui ont exercé leur influence sur la langue actuelle, cette sixième édition, dont tous les articles, discutés à plusieurs reprises, en séance générale, par l'élite de la littérature moderne, ne furent adoptés qu'après de longues discussions.

Aucune des éditions publiées par l'Académie n'avait éprouvé proportionnellement autant de changements qu'en a reçus cette dernière édition. Jamais, il est vrai, un laps de temps aussi long ne s'était écoulé dans l'intervalle d'une édition à l'autre. La précédente publiée par l'Académie datait de 1762; soixante-treize années séparent donc cette dernière édition de celle qui vient de paraître. Les grands changements dans la politique, dans les sciences et dans toute notre civilisation, qui signalèrent cette époque, avaient exercé une telle influence jusque sur le langage, qu'il ne pouvait rester de l'ancien Dictionnaire que ce qui restera éternel tant que durera notre idiome; c'est le fond de cette belle langue littéraire qui s'appuie sur les immortels chefs-d'œuvre du XVIIe siècle.

Aussi l'Académie, voyant que tout changeait

(1) Le Dictionnaire de l'Académie française forme 2 vol in-4°. Prix, 36 fr.
Le Complément formera un très-fort volume in-4°, en petits caractères à 4 colonnes. Prix de chaque livraison, composée de 96 colonnes, 10 sous. Il y aura 12 livraisons.

perpétuellement autour d'elle en fait de science, de politique, d'art, etc., et que le langage lui-même recevait quelques modifications qu'elle ne pouvait accueillir qu'avec prudence et avec de longues méditations, dut recommencer à plusieurs reprises un travail qu'elle avait été plusieurs fois sur le point d'achever.

D'ailleurs les corps savants ne peuvent, par leur constitution même, agir qu'avec une sage lenteur, afin de justifier par des travaux consciencieux, de graves réflexions et des discussions approfondies, la longue attente du public.

Aussi, c'est à juste titre que le Dictionnaire de l'Académie fait autorité dans les discussions qui s'offrent sans cesse dans le cours de la vie; qu'il est en grammaire le régulateur suprême, et qu'en jurisprudence il fait loi.

Enfin, comme l'a fort bien défini celui qui de tous nos académiciens est le plus versé dans la science lexicographique (science qui demande plus qu'aucune autre des connaissances universelles unies à une grande supériorité d'esprit analytique), le Dictionnaire de l'Académie, tel qu'il est aujourd'hui, est un livre de famille indispensable à quiconque veut parler la langue du pays en connaissance de cause; c'est la CHARTE LITTÉRAIRE, la BIBLE GRAMMATICALE de la nation.

Pour faire connaître la nature des difficultés et la manière de procéder du premier Corps littéraire de la France, il suffira de reproduire une partie d'un article du Journal des Débats, annonçant l'achèvement du Dictionnaire de l'Académie :

« Cette entreprise est enfin arrivée à son terme, grâce aux efforts persévérants de ceux qui étaient appelés à l'exécuter. Les hommes de goût et de savoir qui ont rempli successivement les fonctions de secrétaires perpétuels depuis la création de l'Institut, MM. Morellet, Suard, Raynouard, Auger, Andrieux, Arnault et Villemain, ont tous, ainsi que leurs illustres devanciers d'Alembert, Marmontel, etc, compris l'importance de la tâche qui leur était confiée. Le soin fastidieux et pénible de rassembler et de coordonner les matériaux puisés dans les écrivains, les grammairiens et les lexicographes, n'a rebuté aucun de ces esprits éminents.

« De plus, une Commission permanente, composée de six des membres les plus versés dans les connaissances grammaticales et lexicographiques, après avoir discuté et fixé le système général de rédaction, s'est appliquée sans relâche à revoir les diverses parties de cet immense travail. Non contente de cette révision déjà si sévère, l'Académie a fait subir à tous les articles une dernière et plus sérieuse épreuve dans les séances générales, approuvant, modifiant ou rejetant, après mûre délibération, les additions et les changements proposés par son Secrétaire perpétuel ou par la Commission.

« On ne s'étonnera point que l'Académie ait consacré tant d'années à la refonte et à l'achèvement de son Dictionnaire, si l'on réfléchit au temps que demandait l'examen de chaque article, à l'importance et tout à la fois à la difficulté que présente la définition de certains mots, tels que Liberté, Droit, Constitution, etc., qui chacun ont occupé quelquefois la durée d'une séance; et l'on concevra toute l'autorité qui est due à un tel ouvrage, lorsque nous dirons que, dans chaque spécialité, la discussion s'établissait toujours entre les personnes les plus capables de la soutenir et de l'éclairer; par exemple :

« Entre MM. de Pastoret, Dupin, Royer-Collard, de Ségur, Daru, etc., pour tout ce qui concerne la jurisprudence ou la législation, l'administration ou la diplomatie;

« Entre MM. Andrieux, de Jouy, de Villemain, de Feletz, Campenon, Lacretelle, Étienne, Arnault, etc., pour tout ce qui tient à la grammaire et aux délicatesses du langage;

« Entre MM. Cuvier, Raynouard, Cousin, Droz, etc., pour les matières de science, d'érudition ou de philosophie.

« Indépendamment des ressources qu'offrait la variété des connaissances de tant d'hommes supérieurs, l'Académie française a eu recours, pour les articles qui sortaient de ses attributions spéciales, aux membres les plus distingués des autres Académies composant l'Institut de France, tels, par exemple, que la Place, Delambre, Fourier, pour les mathématiques et l'astronomie; Cuvier pour l'histoire naturelle; M. le baron Thenard pour la chimie; MM. Guérin, Huyot, Mongez, Quatremère de Quincy, pour la peinture, l'architecture et l'archéologie, etc.; enfin recourant dans chaque spécialité à toutes les capacités les plus illustres. Pour les renseignements techniques que les Académies des Sciences, des Inscriptions et Belles-Lettres, des Beaux-Arts et des Sciences morales et politiques, n'auraient pu lui fournir, elle n'a pas dédaigné les lumières qui lui sont venues du dehors; et elle doit de précieuses améliorations aux conseils de plusieurs artistes célèbres et d'industriels justement renommés. »

Dans cette nouvelle édition, l'Académie a sanctionné l'orthographe dite de Voltaire, c'est-à-dire, qu'elle remplace l'*o* par l'*a* dans les mots *Faible, monnaie, connaître, paraître, Français, Anglais*, etc, ainsi que dans la terminaison des imparfaits et des conditionnels : *Je voulais, je voudrais*, etc. Elle a également décidé que les mots terminés en *ant* ou *ent*, tels que *Puissant, élément*, etc., retiendraient le *t* au pluriel : *Puissants, éléments*, etc.

Dans le Discours préliminaire, M. Villemain, comme Secrétaire perpétuel de l'Académie française, a exposé des considérations sur l'état actuel de la langue française et sur les travaux auxquels l'Académie s'est livrée depuis son origine pour l'exécution de son Dictionnaire. Ce morceau, qui à lui seul est un ouvrage, est regardé, par les littérateurs et les critiques de toute opinion, comme un des chefs-d'œuvre de notre langue.

Avant de donner quelques extraits des longs articles publiés dans le *Moniteur*, le *Journal des Débats*, le *Temps*, le *Constitutionnel*, le *Courrier français*, etc., etc., par nos meilleurs critiques, tels que M. Saint-Marc Girardin, Nodier, etc., etc., il ne sera pas inutile d'offrir ici la comparaison de quelques articles pris au hasard dans la nouvelle édition et la précédente.

Nous regrettons de ne pas pouvoir présenter la comparaison du premier mot de la langue A, qui dans l'édition précédente occupe quarante-huit alinéa, et dans la nouvelle soixante-douze.

L'étude et la comparaison de ce seul article aurait mis chacun à même d'apprécier les difficultés qu'offrent les nuances si délicates de cette préposition dans ses diverses combinaisons et dans toutes les modifications qu'elle reçoit de l'usage. Les définir et leur assigner un ordre logique présentait une difficulté telle, que cet article, auquel M. Raynouard avait consacré un temps considérable, fut refait à plusieurs reprises avant d'être définitivement adopté.

ÉDITION DE 1798.

DEBOUT. adv. Sur pied, sur ses pieds. *Il est debout. Se tenir debout. Laisser quelqu'un debout,* pour dire, Ne pas lui proposer de s'asseoir.

On dit, *Être debout,* pour dire, Être hors du lit, être levé. *Tout son monde étoit debout dès le matin. Il se porte mieux, il est debout.* Et on dit absolument, *Debout,* quand on veut faire lever des gens qui sont couchés ou assis.

DEBOUT, se dit Du bois, lorsqu'on le met de sa hauteur. *Mettre du bois debout.* On dit dans le même sens, *Mettre un tonneau debout,* pour dire, Le mettre sur un de ses fonds. Et on dit d'Un ancien bâtiment, qu'*Il est encore debout,* pour dire, qu'Il subsiste encore.

On dit, que *Des marchandises passent debout par une Ville,* Lorsqu'elles y passent sans décharger. *Les marchandises qui passent debout payent moins de droit que les autres.*

On dit figurément et familièrement d'Un homme, qu'*Il ne sauroit tomber que debout,* pour dire, qu'Il a tant de ressources différentes, que si l'une lui manque, l'autre ne lui manquera pas.

On dit aussi d'Un homme fatigué qui s'assoupit, qu'*Il dort tout debout. Faire des contes à dormir debout,* pour dire, Des fables, des récits ennuyeux, des contes en l'air.

DEBOUT. Terme de Marine. Il se dit d'Un vent absolument contraire. *Nous avions le vent debout.*

DRAMATIQUE. adj. des 2 genres. Il se dit Des ouvrages qui sont faits pour le Théâtre, et qui représentent une action tragique ou comique. *Poëme dramatique. Pièce dramatique. Il réussit dans le genre dramatique. Un Poëte dramatique.*

Il est quelquefois substantif, et signifie Le genre dramatique. *Il réussit dans le Dramatique.*

Il s'étend aussi à d'autres ouvrages qui ne sont pas faits pour le Théâtre, et où l'Auteur quitte le récit pour faire parler les personnages qu'il introduit. *Le Dramatique fait une des grandes beautés des écrits de Platon.*

ÉLECTRICITÉ. s. f. Propriété des corps qui étant frottés, en attirent d'autres. *L'électricité du verre est encore plus forte que celle de l'ambre.*

ÉDITION DE 1835.

DEBOUT. adv. Il se dit en parlant D'une chose qu'on dresse, ou qui est dressée, qui est maintenue verticalement sur un de ses bouts. *Mettre du bois debout. Le bois debout porte de très-lourds fardeaux. Mettre un tonneau debout. Une chose qui se tient debout en équilibre.*

Être encore debout, être debout, se dit Des édifices et autres objets semblables qui n'ont point été renversés ou détruits par ce qui aurait pu amener leur chute, leur ruine. *Ces monuments sont encore debout, après tant de siècles. Un pan de muraille était seul resté debout. Le vieux chêne qui avait ombragé sa chaumière était encore debout.* Cette locution s'emploie quelquefois au figuré. *Ce vieil empire était encore debout, mais tout annonçait sa ruine prochaine.*

DEBOUT, s'applique également Aux personnes, et signifie, Droit sur ses pieds. *Il était debout. Se tenir debout. Il ne daigna pas m'offrir un siége, et me laissa debout tout le temps que je restai avec lui.* On dit par analogie, en parlant D'un quadrupède, qu'*Il se tient debout,* qu'*il est debout, etc.,* lorsqu'il se dresse sur ses pieds ou sur ses pattes de derrière.

Être debout, Être hors du lit, être levé. *Tout son monde était debout dès le matin. Il se porte mieux, il est debout.* On dit aussi absolument, *Debout,* quand on veut faire lever quelqu'un qui est couché ou assis. *Debout, et partons. Allons, debout, il est déjà grand jour.*

Par exagérat., *Dormir debout, tout debout,* Éprouver le besoin du sommeil, au point de s'assoupir même sans être couché ou assis.

Fig. et fam., *Conte à dormir debout,* Récit ennuyeux ou qui ne mérite aucune attention.

Fig. et fam., *Tomber debout,* Se tirer heureusement d'une circonstance critique, se trouver dans la même situation qu'auparavant. *Il ne peut tomber que debout.* On dit aussi, *Tomber sur ses pieds.*

Passer debout, se dit Des marchandises qui, pour être transportées à leur destination au delà d'une ville, la traversent sans pouvoir y être vendues ni même déchargées. *Les marchandises qui passent debout payent moins de droit que les autres.*

DEBOUT, s'emploie souvent en termes de Marine. Ainsi on dit : *Cette embarcation est debout à la lame, au courant, au vent,* Elle présente son avant à la lame, au courant, au vent. *Vent debout,* Vent directement contraire à la route qu'on voudrait tenir. *Nous avions le vent debout, vent debout.* Dans ces phrases, quelques-uns écrivent *de bout,* en deux mots.

DRAMATIQUE. adj. des deux genres. Il se dit Des ouvrages faits pour le théâtre, et qui représentent une action tragique ou comique. *Poëme dramatique. Ouvrage dramatique. Composition dramatique.*

Il se dit également De ce qui a rapport ou de ce qui est propre aux ouvrages dramatiques. *Le genre dramatique. L'art dramatique. Censure dramatique. Style, poésie dramatique.* On l'applique, dans un sens analogue, Aux personnes. *Poëte, auteur dramatique. Censeur dramatique.*

Forme dramatique, Celle d'un ouvrage, autre qu'une pièce de théâtre, dans lequel l'auteur, au lieu de raconter ou de décrire, met en scène et fait parler entre eux les personnages mêmes qu'il introduit. *Il donne souvent à ses récits une forme dramatique. Employer les formes dramatiques.*

DRAMATIQUE, se dit encore, dans un sens particulier, De ce qui intéresse ou émeut vivement le spectateur. *Cette scène est fort dramatique. Situation dramatique. Intérêt dramatique. Cette scène me paraît assez dramatique.*

Il se dit, par extension, lorsqu'on parle D'un poëme épique, d'une histoire, d'un discours, etc., et signifie, Qui offre une peinture vive et animée de l'action, des événements, soit que l'auteur ait ou n'ait pas fait usage des formes dramatiques. *Ce récit est dramatique. Cet endroit est fort dramatique. Il y a, dans ce discours, des mouvements admirables et très-dramatiques. L'oraison funèbre de Marc-Aurèle, par Thomas, est placée dans un cadre fort dramatique.*

Il s'applique dans le même sens Aux poëtes épiques, aux orateurs, aux historiens, etc., dont les ouvrages ont ce genre de mérite. *Homère est éminemment dramatique. Tite-Live et Salluste sont souvent dramatiques.*

DRAMATIQUE, est quelquefois substantif masculin, et signifie alors, Le genre dramatique, la forme dramatique. *Il réussit dans le dramatique. Le dramatique donne beaucoup d'intérêt aux ouvrages de Platon.*

Il désigne quelquefois, Ce qui excite particulièrement l'émotion dans une pièce de théâtre, dans un récit, etc. *Il y a bien du dramatique dans cette scène.*

ÉLECTRICITÉ. s. f. T. de Physique. Propriété qu'ont certains corps, lorsqu'ils sont frottés, chauffés, ou seulement mis en contact entre eux, d'attirer d'abord et de repousser ensuite les corps légers, de lancer des étincelles et des aigrettes lumineuses, d'opérer certaines décompositions, et de faire éprouver des commotions plus ou moins fortes au système nerveux. On le dit également Des fluides invisibles et impondérables que l'on suppose exister combinés dans tous les corps, et y devenir la cause ou plutôt les causes de ces effets, quand on parvient à les désunir. *Théorie de l'électricité. L'accumulation de l'électricité dans un corps. Électricité vitrée. Électricité résineuse. Électricité positive. Électricité négative. La combinaison des deux électricités produit une explosion. Électricité galvanique. L'électricité atmosphérique. L'éclair et l'explosion de la foudre sont des phénomènes de l'électricité.*

ÉLECTRIQUE. adj. des 2 g. Il se dit De tout ce qui a la propriété d'attirer par le moyen du frottement, ou de ce qui a rapport à cette propriété. *Corps électrique. Vertu électrique.*

ÉLECTRIQUE. adj. des deux genres. T. de Physique. Qui a rapport à l'électricité, qui la produit, ou qui en provient. *Phénomènes électriques. Fluide, vertu électrique. Étincelle électrique. Courant électrique. Commotion électrique. Frictions électriques.*

Il se dit également de ce qui sert à électriser ou à faire des expériences sur l'électricité. *Machine électrique. Batterie électrique. Carreau électrique. Pistolet électrique.*

Il se disait fort souvent autrefois pour désigner spécialement Les corps dans lesquels les propriétés électriques peuvent être développées par le frottement. *Le verre et la résine sont des corps électriques.* Cette dénomination, fondée sur une hypothèse particulière relative à la nature de l'électricité, n'est plus usitée parmi les savants.

ÉLECTRISER. v. a. Communiquer la vertu électrique.
ÉLECTRISÉ, ÉE. participe.

ÉLECTRISER. v. a. T. de Physique. Développer dans un corps la vertu électrique, ou la lui communiquer. *Électriser un corps positivement, négativement. Électriser une personne.*

Il signifie figurément, dans le langage ordinaire, Faire une impression vive et profonde, enflammer. *Le discours de leur chef les électrisa tellement, qu'à la première attaque tous les retranchements furent emportés.*

Il s'emploie aussi avec le pronom personnel, surtout au propre. *Il y a des corps qui s'électrisent par eux-mêmes.*

ÉLECTRISÉ, ÉE. participe.

GAZ. s. m. (On prononce le Z.) Terme de Chimie. Émanation invisible qui s'élève de certaines substances.

On le dit De tous les fluides aériformes. *Gaz nitreux. Gaz méphitique. Gaz inflammable.*

GAZ. s. m. (On prononce le Z.) T. de Chimie. Il se dit de Tout fluide aériforme. *L'air atmosphérique se compose de gaz oxygène, de gaz azote, et de gaz acide carbonique. Gaz hydrogène, ou Gaz inflammable. Gaz délétères. Le gaz qui se dégage des cuves en fermentation asphyxie les animaux.*

Gaz permanents, Ceux qui conservent l'état aériforme à toutes les températures connues. On appelle, par opposition, *Gaz non permanents*, ou *Vapeurs*, Ceux qu'un certain degré de froid réduit à l'état liquide.

GAZ, se dit absolument Du gaz hydrogène carboné que l'on emploie pour l'éclairage. *Éclairage au gaz. Ce magasin, ce théâtre est éclairé au gaz. Le gaz se tire principalement du charbon de terre. Un conduit de gaz. La lumière du gaz est plus vive que celle des lampes.*

Bec de gaz, Espèce de robinet en forme de bec de lampe, par lequel on donne issue au gaz distribué dans les conduits, lorsqu'on veut l'allumer pour qu'il éclaire. *Payer tant par bec de gaz, tant par bec. Ouvrir, fermer un bec de gaz.*

LIBERTÉ. s. f. Le pouvoir d'agir ou de n'agir pas. *Dieu a donné la liberté à l'homme. Liberté d'approuver et de contredire. Les passions affoiblissent la liberté.*

Il se prend souvent pour toute sorte d'indépendance des commandemens d'autrui. *Pleine liberté. Pleine et entière liberté. Il ne se veut donner à personne, il aime trop sa liberté. Il ne sauroit captiver sa liberté. Engager sa liberté.*

Il se prend aussi pour L'état d'une personne de condition libre. Et en ce sens il est opposé à servitude. *État de liberté. La liberté est naturelle à tous les hommes. Ceux qui étoient pris en guerre perdoient leur liberté. Recouvrer sa liberté. Vendre, engager sa liberté. Donner la liberté à un Esclave. Remettre en liberté. Donner la liberté.*

On dit poétiquement en parlant des amans, qu'*Ils ont perdu la liberté, qu'on leur a ravi la liberté, etc.*

On dit en termes de dévotion, que *La liberté des enfans de Dieu consiste à n'être point esclaves du péché.*

Il est quelquefois opposé à Captivité et à prison. *Il étoit en prison, mais on l'a mis en liberté, en pleine liberté. Il est prisonnier de guerre, on l'a laissé en liberté sur sa parole. Donner la liberté à un oiseau qui étoit en cage.*

En parlant d'Un État, d'un Pays, *Liberté politique*, ou simplement *Liberté*, se dit de la constitution d'un Gouvernement, dans lequel le Peuple participe à la puissance législative. *Tandis que Rome jouissoit de sa liberté. Un tyran qui a opprimé la liberté de son pays. Cette ville, cette province a secoué le joug, et s'est mise en liberté. Le protecteur, le restaurateur de la liberté.*

On appelle *Liberté civile*, ou simplement *Liberté*, Le pouvoir d'agir conformément à ce qui est permis par les Lois. *Cela est contraire à la liberté publique. Les Lois sont les gardiennes de la liberté. J'ai toute liberté, liberté de vendre mes terres, de me marier, de disposer de mon bien. Liberté d'agir. La liberté du commerce.*

On appelle *Liberté de conscience*, La permission de professer une religion autre que la dominante. Et *Liberté de la presse*, La liberté d'imprimer ce qu'on veut.

Il se prend aussi pour Manière d'agir libre, familière, har

LIBERTÉ. s. f. Le pouvoir d'exercer sa volonté, en agissant ou n'agissant pas. *Liberté entière, absolue, illimitée. Liberté d'approuver et de contredire.*

Il se dit particulièrement, en Métaphysique, Du libre arbitre, de la faculté donnée à l'âme de choisir entre diverses choses, de se déterminer pour l'une ou pour l'autre. *La question de la liberté a été débattue par la plupart des écoles de philosophie. Sans la liberté, il n'y aurait point de moralité dans les actions des hommes.*

Liberté naturelle, Pouvoir que l'homme a naturellement d'employer ses facultés à faire ce qu'il regarde comme devant lui être utile ou agréable. *Dans l'état social, la liberté naturelle est restreinte par les conventions établies pour l'utilité commune.*

Liberté civile, Pouvoir de faire tout ce qui n'est pas défendu par les lois. *La liberté civile ne peut exister sous un pouvoir arbitraire et absolu.*

Liberté politique, ou simplement *Liberté*, Jouissance des droits politiques que la constitution de certains pays accorde à chaque citoyen. *La grande charte obtenue du roi Jean par les Anglais, est le fondement de leur liberté politique. Un peuple jaloux de sa liberté.*

Liberté de conscience, Droit que tout homme a d'adopter les opinions religieuses qu'il croit conformes à la vérité, sans pouvoir être inquiété à cet égard par l'autorité publique.

Liberté des cultes, Droit que les sectateurs des diverses religions ont d'exercer leur culte, et d'enseigner leur doctrine.

Liberté de penser, Droit de manifester sa pensée sans contrainte.

Liberté de penser, signifie aussi, Manière hardie de penser sur les matières de religion, de morale, de gouvernement. *Il a une grande liberté de penser.* Ce sens vieillit.

Liberté d'écrire, Droit de manifester par écrit sa pensée.

Liberté de la presse, Droit de manifester sa pensée par la voie de l'impression.

Liberté individuelle, Droit que chaque citoyen a de n'être die ; et il se dit en bien et en mal. *Une honnête liberté. J'ai pris la liberté de vous écrire. Vous prenez d'étranges libertés. Il se donne de grandes libertés. Je n'aime pas cette liberté. Il se donne des libertés qui ne plaisent pas à tout le monde.*

Il est aussi opposé à Contrainte. *Je vous laisse en liberté. Parlons en liberté, avec liberté.*

Il signifie encore, Facilité heureuse, disposition naturelle. *Grande liberté d'action. La liberté de la langue. La liberté de la parole. Il fait toutes choses avec tant de grâce et de liberté. Liberté de pinceau, de trait, de burin.*

On dit, *Liberté d'esprit,* pour dire, L'état d'un homme qui a l'esprit entièrement dégagé et débarrassé de tout objet étranger.

On dit, *Liberté de ventre,* pour dire, La facilité que le ventre a de bien faire ses fonctions.

On dit encore, en parlant d'Un mors ou de l'embouchure d'un cheval, *Liberté de langue,* pour signifier L'espace vide pratiqué à l'effet de loger la langue de l'animal. Cette liberté donne, selon sa forme, plusieurs dénominations au mors. *Gorge de pigeon. Canon montant. Pas d'âne. Cou d'oie.*

LIBERTÉS, au pluriel, se dit pour Franchises et immunités. *Les libertés de l'Église Gallicane. Par le traité on leur doit conserver leurs libertés, immunités et franchises.* On diroit dans une histoire, *les libertés du peuple Anglois.*

privé de la liberté de sa personne que dans les cas prévus et selon les formes déterminées par la loi. *La charte garantit aux Français leur liberté individuelle.*

Liberté du commerce, Faculté que les commerçants ont d'acheter et de vendre, tant à l'intérieur qu'à l'extérieur, sans être soumis à des lois gênantes et à des règlements prohibitifs.

Liberté des mers, Droit que toutes les nations ont de naviguer librement sur les mers.

LIBERTÉ, se dit souvent par opposition à Servitude, et signifie, L'état d'une personne de condition libre. *La liberté est l'état naturel de l'homme. Dans les temps anciens, ceux qui étaient pris à la guerre perdaient leur liberté et devenaient esclaves. Vendre, engager, recouvrer, racheter sa liberté. Donner la liberté à un esclave, à un nègre.*

Il se dit aussi par opposition à Captivité. *Il était prisonnier de guerre, on l'a laissé en liberté sur parole. On a rendu la liberté aux prisonniers. On a mis ce prisonnier en liberté. Il a obtenu sa liberté moyennant une forte rançon. Ce prévenu a été mis en liberté à la charge de donner caution. Donner la liberté à un oiseau.*

Il se dit encore par opposition à Contrainte. *Je vous laisse en liberté. Parler, agir en liberté, avec liberté. Les règles de l'étiquette nuisent à la liberté de la conversation. On jouit d'une grande liberté dans cette maison.*

Il signifie aussi, Indépendance de caractère, d'état, de conduite. *Il ne se met à la suite de personne; il aime trop sa liberté. Engager sa liberté, la perdre, la vendre. Ma liberté est mon seul bien.*

Il signifie également, L'état d'un cœur libre, exempt de passion. *Cette femme lui a fait perdre sa liberté.*

Liberté d'esprit, État d'un homme qui a l'esprit dégagé de toute préoccupation. *Je n'ai pas la liberté d'esprit nécessaire pour m'occuper de ce travail.*

Liberté de langage, ou simplement *Liberté*, Franchise, hardiesse. *Il a parlé au prince avec une grande liberté. Il a toute la liberté de langage d'un homme qui ne dépend de personne.*

LIBERTÉ, se prend encore pour Manière d'agir libre, familière, hardie. Dans cette acception, il se dit en bien et en mal, et s'emploie souvent au pluriel. *Agir avec une honnête liberté. Je n'aime pas cette liberté. Prendre, se donner des libertés. Il prend beaucoup de libertés avec ses supérieurs. Prendre des libertés avec une femme.*

Dans la conversation, on dit souvent, par politesse, *J'ai pris, je prends, je prendrai la liberté de faire telle chose,* pour dire, J'ai fait, je fais, je ferai telle chose. *Je prends la liberté de vous rappeler votre promesse. Je prends la liberté de n'être pas de votre avis. J'ai pris la liberté de vous écrire.*

Demander la liberté, Demander la permission. *Je vous demande la liberté de vous écrire, de me promener dans votre jardin.*

LIBERTÉ, signifie en outre, Facilité, aisance dans les mouvements du corps, dans les opérations de la main, etc. *Il a une grande liberté d'action, de mouvement, de geste, de langue, de parole. Il fait tout avec beaucoup de liberté et de grâce. Il y a une grande liberté de pinceau dans ce tableau, de trait dans ce dessin, de burin dans cette gravure. Une douleur de rhumatisme lui ôte la liberté de ses membres, de ses mouvements.* Dans ce sens, il se dit aussi en parlant Des choses inanimées. *Ce ressort n'a pas assez de liberté, ne joue pas avec assez de liberté.*

Liberté de ventre, Facilité avec laquelle le ventre fait ses fonctions.

En termes de Manége, *Liberté de langue*, Espace vide, espèce d'arcade pratiquée dans le canon du mors, à l'effet de loger la langue du cheval.

LIBERTÉS, au pluriel, signifie, Franchises, immunités. *La conquête fit perdre à cette province toutes ses libertés. Les libertés des communes.*

Les libertés de l'Église gallicane, La conservation, par l'Église de France, de l'ancien droit commun de toutes les Églises.

EN LIBERTÉ. loc. adv. Librement. *Parler, agir en liberté, en toute liberté, en pleine liberté.*

En termes de Manége, *Sauteur en liberté*, Cheval dressé à faire des sauts pour accoutumer le cavalier à se tenir ferme en selle.

RESTAURATION. s. f. Réparation, rétablissement. *La restauration d'un monument public. La restauration d'une statue.* Son plus grand usage est au moral. *La restauration de l'État, des Belles-Lettres, de la Discipline, des Lois, etc.*

RESTAURATION. s. f. Réparation, rétablissement. *La restauration d'un monument public. La restauration d'une statue.*

Il s'emploie souvent au sens moral. *La restauration de l'État, des belles lettres, de la discipline, des lois, etc.*

Il se dit particulièrement, en Architecture, d'Un travail fait d'après un édifice antique, pour en rétablir les parties qui n'existent plus. *La restauration des principaux monuments antiques est le sujet d'un beau travail.*

RESTAURATION, se dit encore Du rétablissement d'une ancienne dynastie sur le trône. On l'emploie particulièrement en parlant des Stuarts au XVIIe siècle, et des Bourbons au XIXe. *En Angleterre, Monk fut un des principaux acteurs de la restauration. Il n'était rentré en France que depuis la restauration. Sous la restauration. Pendant la restauration*

ARTICLES
SUR LE DICTIONNAIRE
DE L'ACADÉMIE FRANÇAISE
(Sixième Édition)

Extraits du Moniteur, *du* Journal des Débats, *du* Constitutionnel, *du* Courrier, *et du* Temps.

MONITEUR.

Je ne sais plus quel chansonnier railleur disait il y a cinq ou six ans :

Si Dieu voulait, dans son Dictionnaire
L'Académie avancerait d'un pas,
Et dans cent ans finirait l'œuvre entière :
Si Dieu voulait, oui... mais Dieu ne veut pas.

L'Académie vient de confondre cette prophétie mensongère en publiant, après soixante-trois ans d'attente, son nouveau Dictionnaire. De tout temps, au reste, l'impatience a prodigué ces malignes hyperboles, et les académiciens eux-mêmes ont fourni leur contingent d'épigrammes. Boisrobert, de spirituelle mémoire, disait que chaque jour il demandait à Dieu, dans ses prières, *de le faire vivre jusqu'au G :* on en était au D, je crois, et il espérait ainsi devenir centenaire. Le caustique abbé n'avait pas trop mal fait son compte, vraiment ; car il mourut en 1662, âgé de soixante et dix ans, et le Dictionnaire, commencé en 1635, ne parut que trente-deux ans après, c'est-à-dire en 1694. Mais enfin il parut, et alors comme aujourd'hui l'intérêt et la curiosité s'attachèrent à cette œuvre si longtemps élaborée ; alors comme aujourd'hui l'Académie eut ses détracteurs et ses rivaux, et n'en demeura pas moins l'arbitre du langage. Mais si la publication du Dictionnaire dut être, à la fin du dix-septième siècle, un des plus notables événements littéraires, quelle n'est pas, au temps où nous voici, l'importance d'une apparition nouvelle de ce livre fameux ? L'influence et la pensée françaises rayonnent de toutes parts sur l'Europe intelligente ; et notre langue, se propageant avec elles, tend de jour en jour à devenir l'idiome universel de la politique et de la liberté. Il y a, pour ainsi dire, un *monde français*, qui est l'assemblage de toutes les nations civilisées, et qui forme l'immense public auquel est destiné le code récent promulgué par l'Académie. *Rome*, *Athènes*, *Constantinople*, *Moscou*, *Stockholm*, *Vienne*, *Londres*, *Madrid*, *New-York*, etc., voilà les lieux où MM. Didot, éditeurs du Dictionnaire de l'Académie, vont l'expédier. En prenant ainsi possession du vaste empire où elle exercera désormais sa domination pacifique, l'Académie ne pouvait plus dignement solenniser l'époque anniversaire de son utile création (1). Je souhaite à tous les corps littéraires, savants ou autres, d'avoir pareillement quelque jour leur grand jubilé bi-séculaire, et d'être, après cette longue existence, aussi pleins de vigueur, aussi jeunes de renommée que la compagnie célèbre dont le crédit augmente avec les ans, et qui donne à ses décisions une autorité presque égale à celle des lois.

Obligé de me hâter pour rendre compte du travail de l'Académie avant que les luttes parlementaires aient absorbé l'attention générale, je suis, le dirai-je, quelque peu embarrassé pour remplir convenablement une tâche si délicate et si ardue. Nulle possibilité de m'en tirer par une *rapide analyse*, comme on dit : la nature même de l'ouvrage s'y oppose. Je pourrais sans doute recourir à un expédient fort ingénieux, qui consisterait à improviser un plan quelconque de dictionnaire, et à faire de cette rapide conception mon *criterium* lexicographique, l'archétype avec lequel je confronterais l'Académie. Ce procédé n'est pas inconnu des critiques mes confrères : mais dans le cas présent, je craindrais que son emploi n'eût quelque air d'impertinence ; et puis, entre nous, les théories de feuilleton ont une efficacité narcotique qui m'effraye.

(1) Les lettres patentes qui instituent l'Académie française sont de l'année 1635.

Que si, plus modeste ou plus timide, je me borne à examiner la forme adoptée par l'Académie dans la rédaction de ses articles, je donne contre un écueil non moins dangereux. Dire, par exemple, qu'elle a presque toujours heureusement triomphé des difficultés que suscitent les métamorphoses de ces mots, véritables protées du langage, dont les acceptions multipliées se mêlent, s'entrelacent, et même se combattent quelquefois, tels que *Faire, Donner, Être, Prendre*, etc., ce serait n'offrir qu'une insaisissable généralité.

Je n'ai qu'une ressource, et j'en userai : c'est de m'adresser aux détails, c'est-à-dire, à la matière même de l'ouvrage, laquelle est en définitive ce qu'il importe le plus de connaître et de bien apprécier. Le champ est vaste encore, et malgré son apparente stérilité, il peut donner, je crois, une assez ample moisson.

L'Académie persévère dans la judicieuse méthode qu'elle s'est faite, d'adopter ou de rejeter purement et simplement, sans se perdre dans un babillage grammatical souvent plus capable d'inspirer le doute que de former la conviction. Toutefois les solutions existent virtuellement, et j'essayerai, par mon propre exemple, de montrer quelle source d'instructives découvertes l'Académie ouvre aux esprits attentifs qui sauront la consulter. *Favete linguis*, je vais interpréter un des mille oracles académiques, et sans doute étonner grandement le peuple grammairien.

Je parcourais avec lenteur et curiosité l'article de la préposition En, et (que nos rieurs me le pardonnent) je trouvais dans cette occupation un charme presque égal à celui que peut offrir la lecture du roman le plus *intime* ou de la plus vague poésie. J'étais émerveillé de l'exactitude méthodique et savante avec laquelle les rédacteurs de l'article avaient recueilli, expliqué, classé les différentes acceptions du mot, lorsque, à ma grande affliction, a mon étonnement plus grand encore, je m'aperçus qu'ils avaient oublié tout net l'emploi de En placé entre deux substantifs, pour servir à indiquer la matière dont une chose est faite, et que par conséquent ils avaient omis les exemples tels que *Une montre* EN *or*, *une porte* EN *fer*, etc. Désagréablement tiré de la douce contemplation qui m'avait absorbé jusqu'alors, et peut-être un peu piqué d'avoir un moment laissé surprendre mon admiration, je me mis en devoir d'opposer incontinent l'Académie a elle-même, de la prendre en contradiction flagrante; et pour ce faire, je courus, animé d'un malin vouloir, à tous les articles qui pouvaient et devaient me fournir les locutions dont j'allais former un corps de preuves décisif et foudroyant. Ce fut en vain : rien à l'article Montre, ou l'on ne trouve que *Montre d'or, d'argent;* rien non plus au mot Or, ou on lit seulement *Chaîne d'or*, *agrafe d'or*, *bouton d'or, vaisselle d'or*, etc.; rien à Porte, qui ne donne que *Porte de bois*, *de fer, de bronze;* rien à Fer, qui n'offre que des exemples tels que ceux-ci, *Anneau de fer, porte de fer*, etc.

Un homme excité par le désir de trouver matière à exercer sa critique, ne se rebute pas pour si peu. Je continuai mon investigation avec une confiante opiniâtreté; je lus dix articles, j'en lus vingt, j'en lus trente : partout De, jamais En. Je sentis alors mon courage fléchir, et un vague soupçon m'agita. Fort déconcerté de voir que le Dictionnaire était si obstinément conséquent à lui-même, je poursuivis l'examen dont le résultat flattait si peu mon amour-propre, et je finis, apres ample perquisition, par reconnaître que l'Académie rejetait l'emploi de la préposition En placée entre deux substantifs dont le dernier désigne la matière; en d'autres termes, que, selon elle, on ne doit jamais dire *Une montre* EN *or, une porte* EN *fer*, etc., mais *Une montre* D'*or, une porte* DE *fer*. Cependant je ne pouvais me tenir pour battu; c'eût été trop de sagesse : n'est-il pas de nos jours à peu près convenu que l'on ne saurait sans honte et sans faiblesse abandonner l'opinion dont on est infatué, quelle qu'en soit l'extravagance ou la fausseté? — « Le fait est à vérifier, me dis-je; nous ne sommes plus au temps où d'honnêtes libraires hollandais proclamaient ainsi l'infaillibilité de l'Académie : « Elle a décidé pour ou contre, après quoi il faut « mettre le doigt sur la bouche, n'étant plus per- « mis d'en appeler (1). » — Donc je m'armai d'une résolution nouvelle, et feuilletant sans relâche nos classiques les plus sévères, je consultai tous les passages où le sujet devait amener des locutions analogues à celles que j'ai citées; et j'acquis l'entière, l'humiliante conviction qu'au temps où la langue était le plus respectée, la préposition En n'avait jamais eu le sens que je croyais si naturel et si français. Une telle découverte, qui me donnait la plus haute idée du soin avec lequel l'Académie s'applique à conserver les bonnes traditions du langage, n'eut pas seulement pour effet de confondre mon ignorance; elle m'inspira les plus vives alarmes sur la destinée de notre bel idiome, et me fit sentir la justesse d'un bon mot qu'on me saura gré, je pense, de rapporter ici.

(1) *Observations de l'Académie françoise sur les Remarques de M. de Vaugelas*, Avertissement des libraires, p. 7, la Haye, 1705.

L'Académie discutait le projet du vaste et difficile travail que cette compagnie a résolu d'entreprendre pour doter la France d'un Dictionnaire de la langue écrite, et agitait la question de savoir si elle devait adopter la méthode suivie par Robert et Henri Estienne pour la rédaction de leurs admirables *Trésors*. Quelques membres soutenaient, avec une apparence de raison, que le latin et le grec étant des langues *mortes*, on ne pouvait appliquer au français les procédés lexicographiques dont avaient usé les deux habiles philologues. « Comment ! » dit alors quelqu'un avec l'accent de la plus naïve surprise, « est-ce « que vous croyez par hasard que le français est « encore une langue *vivante?* » Cette plaisante boutade égaya la docte assemblée, qui n'y vit sans doute qu'une spirituelle exagération. Pour moi, je ne serais point étonné que l'interrupteur eût parlé sérieusement. Quoi qu'il en soit, cette saillie est l'expression, un peu hyperbolique si l'on veut, du pressentiment pénible dont les esprits les moins disposés à mal juger de leur temps, ne peuvent se défendre, lorsqu'ils font le compte de toutes les altérations que notre langue a subies depuis l'époque où elle a pris rang parmi les idiomes réguliers et classiques. Et par altérations, je n'entends point ces résultats des vicissitudes inévitables qui tuent, ressuscitent ou font naître les mots. Tant que l'analogie conserve son empire, tant que le système grammatical demeure intact et que les formes syntaxiques sont respectées, la langue, quelles que soient d'ailleurs les variations de son vocabulaire, a une vie normale et pure. Mais aussitôt que l'ignorance ou la témérité portent la main sur les formes essentielles et brisent les rapports consacrés, tout est à craindre : on arrive à la période de corruption et de décadence.

Il était temps que l'Académie songeât à condamner une des plus étranges innovations modernes; car elle-même n'avait pu tout à fait se dérober à la contagion, et son exemple allait devenir funeste. On trouve en effet, dans les dernières éditions du Dictionnaire, des définitions de mots techniques où la préposition En remplace mal à propos la préposition De. Les accointances encyclopédiques de d'Alembert expliquent suffisamment une telle distraction. Plus attentive cette fois, l'Académie a fait main basse sur ce jargon d'atelier, et il ne reste plus aucune trace des usurpations de l'audacieuse particule. Mais l'exemple qu'elle donne sera-t-il promptement suivi? Je crains fort que non. Les journaux, ces dangereux modèles de langage, ces livres improvisés qu'alimentent les productions de mille esprits divers, ne travailleront pas, on peut le croire, à faire cesser le conflit des deux prépositions rivales : ils sont plus sérieusement, sinon plus utilement occupés. D'une autre part, les lexicographes les plus accrédités paraissent avoir entièrement ignoré ce fait remarquable; Laveaux, Boiste, M. Landais (1), ont sans scrupule employé ou reproduit les mauvaises locutions où En se trouve substitué à De. Quant aux grammairiens, aucun d'eux, que je sache, ne s'est élevé contre le vice de langage dont l'Académie a fait si bonne justice. Même, si j'ai bonne mémoire, quelques-uns ont cherché à voir une nuance de sens entre *pont* de *fer*, par exemple, et *pont* en *fer;* puis, chose incroyable ! ont dit, avec le plus grand sérieux, que, dans certains cas, cette dernière locution était la seule qu'on dût employer. Quelle malencontreuse et burlesque subtilité !

L'abus singulier qu'on a fait si longtemps, et qu'on fera longtemps encore, de la préposition En, malgré l'autorité de l'Académie, est né d'une fausse analogie contre laquelle nos grammairiens auraient dû prémunir les esprits qui s'égarent aisément. Parce qu'on dit, *Modeler* en *plâtre, mouler* en *bronze*, *sculpter* en *marbre*, et que, dans ces sortes de phrases, En précède un nom de matière, l'homme de métier a trouvé tout naturel de dire également, *Un buste* en *plâtre, une statue* en *bronze*, etc. (2). Cette grossière méprise, dont quelques-uns peut-être auront été choqués, ne s'en est pas moins perpétuée comme tout ce qui est vicieux; et le contact nécessaire et fréquent des littérateurs et des hommes du monde avec les classes industrielles, a d'abord émoussé, puis complétement détruit le sentiment de la forme vraie : il est arrivé un moment où le puriste a parlé comme le peuple, et a cru bien parler. Jusque-là pourtant rien que de trop malheureusement conforme à la marche naturelle des choses. Mais que les grammairiens n'aient pas vu le mal et son progrès, voilà qui est énorme ! Je ne sais, en vérité, à quelle douleur je ne m'abandonnerais point, si j'appartenais à cette classe honnête et laborieuse,

(1) Voyez, par exemple, dans le Dictionnaire de ce dernier, les articles *Anneau*, *Armure*, *Auget*.

(2) Il ne faudrait pas alléguer que l'Académie elle-même dit, *Un pavement* en *mosaïque, un portrait* en *émail*. Dans le premier exemple, il s'agit d'exprimer l'idée de forme, non celle de matière, et dans le second, de marquer un simple rapport de position : c'est comme si l'on disait, *Un pavement formant mosaïque*, *un portrait sur émail*. On pourrait tirer une objection plus spécieuse de cette phrase très-correcte, *Faire un portrait* en *cire;* mais dans ce cas, la préposition et son régime ne modifient point le substantif *portrait :* ils sont le complément de l'expression *Faire un portrait*, laquelle équivaut à notre vieux mot *Portraiter;* or les verbes qui expriment une idée d'imitation veulent ordinairement après eux le nom de matière avec la préposition *En*. nous venons de voir *Modeler* en *plâtre*, *couler* en *bronze*, etc.

mais un peu étourdie et légère, quoi qu'en disent les mauvais plaisants.

On a souvent accusé l'Académie d'affectionner les proverbes, les innombrables dictons si familiers à nos pères; et l'on n'a pas vu que si, touchée de ce reproche, elle avait appauvri cet ingénieux et fécond répertoire, jamais atteinte plus grave n'eût été portée aux consécrations de l'usage. La phrase proverbiale est en effet, par le tour sentencieux qu'elle affecte, éminemment propre à conserver toujours sa forme primitive; et comme le besoin de s'exprimer avec énergie ou concision lui permet tous les artifices du langage, elle devient le plus fidèle et le plus accoutumé dépositaire des idiotismes que s'est créés le peuple dont elle sert à formuler la philosophie usuelle. Pour appliquer cette observation générale au cas particulier de la préposition qui nous scandalise, on peut affirmer, sans craindre de trop s'avancer, qu'aucun de nos proverbes ne présente l'emploi barbare si formellement condamné par le nouveau Dictionnaire de l'Académie; en un mot, le français de tout le monde, le français des proverbes, dit toujours De, et jamais En. S'il est, après cela, des hommes endurcis qui ferment encore les yeux à la lumière, il faut les abandonner à leur sens réprouvé. Je me trompe: disons-leur, pour dernière et non moins décisive raison, que si En demeurait en possession paisible de son rôle usurpé, nous serions peut-être le seul peuple méridional qui, bravant toute logique, exprimerait l'idée d'*extraction* par un mot destiné à marquer celle d'*intériorité*. Latins, Italiens, Espagnols, Portugais, n'ont et ne peuvent avoir qu'une seule façon de lier deux substantifs dont le second désigne la matière : c'est toujours à l'aide de prépositions qui répondent exactement à notre particule De. Les langues septentrionales emploient une construction qui peut encore servir à corroborer ma thèse, puisqu'elle équivaut au génitif du nom de matière, et que le génitif se traduit ordinairement dans notre langue par cette même préposition. Cela dit, je tiens mes adversaires, si j'en ai, pour bien et suffisamment confondus, et j'insiste sur les avantages de la conformation des proverbes et des phrases familières, dans un Dictionnaire qui s'adresse au plus grand nombre. Quel lecteur aujourd'hui parviendrait, sans un tel secours, à l'intelligence nette et pleine de ces auteurs qui brillent surtout par la piquante familiarité du style? Les lettres de Mme de Sévigné sont partout assaisonnées des axiomes de la philosophie vulgaire. Molière et le plaisant Regnard ont aussi largement emprunté à la *sagesse des nations*, pour donner à leurs dramatiques peintures plus de vie et de vérité. Dans le roman de *Gil Blas*, cette création toujours admirée, qui réfléchit et résume pour ainsi dire toute notre langue, est-il une seule page où ne soit naturellement amené quelque proverbe ou dicton familier? Et l'Académie, se restreignant au plat métier de vocabuliste, laisserait perdre la tradition de ces œuvres que toutes les littératures nous envient! Si elle oubliait à ce point la mission qu'elle a reçue, il faudrait croire qu'une maligne influence frappe les hommes de bon sens et de goût lorsqu'ils délibèrent assemblés.

L'Académie paraît avoir compris mieux que personne l'importance lexicographique des proverbes et des phrases faites qui appartiennent au style familier. Loin de partager les fades et fausses répugnances de leurs détracteurs, elle semble au contraire s'être appliquée à perfectionner cette partie si intéressante du Dictionnaire. Ainsi elle a soigneusement rapporté chaque proverbe, chaque phrase familière à l'acception dont ils dépendent. Quelquefois ce classement rationnel offrant des difficultés insurmontables ou d'assez graves inconvénients, elle a dû recourir à un expédient qui facilitât au moins la recherche; et les proverbes sont alors rangés suivant l'ordre alphabétique (voyez l'article Main). Elle ne s'est pas bornée à cette amélioration, qui atteste son respect pour le vieux et naïf langage de tous; elle a voulu que la forme donnée à ses explications fût constamment la même, et surtout qu'elle ne devînt pas un obstacle à la prompte découverte de la locution cherchée. Souvent, dans les anciennes éditions, le proverbe ou la phrase était noyée au milieu de l'alinéa destiné à l'expliquer, ou même repoussée à la fin. Dans la nouvelle, toujours l'alinéa commence par le proverbe ou la locution familière, précédée seulement, quand il y a lieu, de quelque signe abréviatif qui en détermine le caractère. Un exemple achèvera de faire comprendre la supériorité de la nouvelle forme sur l'ancienne.

Forme ancienne.	*Forme nouvelle.*
On dit De deux personnes qui ont de l'aversion l'une pour l'autre, ou qui sont de caractères, de sentimens très-opposés, que *C'est le feu et l'eau.*	Prov. et fig., *C'est le feu et l'eau*, se dit De deux choses tout à fait contraires, de deux personnes qui ont de l'aversion l'une pour l'autre, ou qui sont d'opinions, de caractères fort opposés. (Article *Feu*)

C'est avec la même sollicitude que l'Académie s'attache à rappeler l'emploi des signes orthographiques à cette précision qu'il avait jadis, et dont les grammairiens, si occupés *de nebulis in pariete*, n'ont eu que peu ou point de souci. Quel est d'entre eux celui qui n'écrirait point, par exemple, *Louis-le-Grand, Charles-le-Téméraire,* avec deux tirets, et qui n'enseignât même qu'on doit écrire de cette manière, tant ils sont fourvoyés? L'Académie (article GRAND) supprime ces tirets, non parce que tel est son caprice, mais parce que ces signes parasites n'étaient jamais employés dans les bonnes éditions antérieures à l'époque où l'art de la correction typographique, déchu comme tout le reste, perdit son importance et vit ses règles méconnues. Elle a également, et par le même motif, refusé d'admettre les tirets dans certaines locutions adverbiales ou autres qui ne gagnent absolument rien à cette surcharge orthographique, telles que *à peu près*, *tout à coup*, *tout à fait*, *corps de garde*, *maître ès arts*, etc. Quand elle se relâche de cette juste sévérité, il est toujours facile d'en découvrir la raison. Par exemple, si le Dictionnaire écrit avec des tirets la locution adverbiale *sur-le-champ*, c'est évidemment parce que les mots dont elle est formée ne doivent pas être pris dans leur acception rigoureuse, et pour qu'il soit bien entendu qu'elle signifie *aussitôt*, *incontinent*. Hors de là, les mots *sur le champ* ne se lient point par des tirets, et l'on écrit, par exemple, *Ces gerbes sont restées sur le champ pendant trois jours*.

En général, l'Académie paraît avoir adopté le tiret, non-seulement pour les mots composés où ce signe est entré depuis longtemps et d'où il serait impossible de le bannir sans offenser l'usage, tels que *bas-relief*, *arc-en-ciel*, *état-major*, *par-dessus*, *au-dessous*, *très-bien*, *très-sage*, etc., mais encore dans ceux où les termes composants semblent avoir perdu leur signification véritable, comme *procès-verbal*, *mont-de-piété*, etc. Elle rapporte sans doute à cette dernière catégorie les nombreuses dénominations métaphoriques employées pour désigner certains êtres, certains objets, de manière à peindre d'un trait leur caractère le plus saillant, telles que *barbe-de-chèvre* (espèce de chicorée), *œil-de-bœuf* (sorte de fenêtre ronde), *pied-de-chèvre* (espèce de levier), etc.; car, autant que j'ai pu m'en assurer par le tres-rapide examen que j'ai fait de son Dictionnaire, elle a voulu fixer leur orthographe encore indécise, en unissant toujours par le tiret les mots dont elles sont formées. On ne peut que l'applaudir de rester ainsi fidèle aux principes qu'elle établit, et une si rare exactitude est la preuve du soin minutieux avec lequel toutes les parties de son beau travail ont été revues et discutées. Mais peut-être faut-il regretter que sa logique n'ait pas été plus flexible, et que moins favorable au disgracieux tiret, elle ne l'ait pas retranché de ces dénominations trop peu susceptibles d'équivoque pour exiger un tel auxiliaire. La typographie actuelle, presque entièrement brouillée avec les règles orthographiques de l'ancienne, déploie un luxe de tirets qui fatiguent les yeux du lecteur, en même temps qu'ils outragent son intelligence. Il faut donc que la lexicographie, son guide le plus ordinaire, lui donne à cet égard l'exemple d'une sobriété qui est à la fois du bon sens et du bon goût. L'Académie ne restera pas en si beau chemin; et puisqu'elle a débarrassé les locutions adverbiales et tant d'autres mots de leur inutile accessoire, nous devons espérer qu'une des prochaines réimpressions du Dictionnaire nous offrira la liste des dénominations métaphoriques également déblayée des signes importuns qui la hérissent.

L'orthographe proprement dite paraît avoir été revisée avec une circonspection et une sagacité devenues aujourd'hui bien rares. Ce qu'a fait l'Académie à cet égard pourra souvent, je le crains, échapper au commun des critiques et des lecteurs, mais n'en révèle pas moins une connaissance profonde de certains faits en général trop ignorés. Elle a, par exemple, constaté la loi de formation qui régit les substantifs en *al* et en *el* dérivés de substantifs en *on*, et a reconnu que les premiers, se modelant sur les noms latins d'origine analogue, ne doublent point l'*n* (*national*, *patronal*, *septentrional*); tandis que les autres, obéissant au génie de notre langue écrite, affectent au contraire de doubler cette consonne (*conditionnel*, *proportionnel*, *traditionnel*). En conséquence, elle a refusé la double *n* à *cantonal*, mot admis dans la nouvelle édition, et l'a restituée au mot *occasionnel*, altéré par la plume novatrice de Duclos. Il eût été plus spécieux et surtout plus commode de contenter les réformateurs impatients qui veulent doubler toujours ou ne doubler jamais la consonne; mais une fois engagée dans cette voie de remaniement systématique, l'Académie ne pouvait plus s'arrêter; et les critiques, forts d'un premier triomphe, lui auraient crié de marcher, jusqu'à ce que le Dictionnaire fût devenu le complet et burlesque registre de leurs plus extravagantes innovations.

Toujours appliquée à ne rien négliger de ce qui peut faciliter la recherche, l'Académie a mis à leur place alphabétique les formes abolies de certains mots, telles que *foible*, *verd*, *quarré*, etc., parce que ces formes se rencontrent fréquemment dans les anciennes éditions de nos classiques; mais elle a indiqué par un renvoi l'orthographe usitée maintenant, *faible*, *vert*, *carré*, etc. C'est une précaution dont beaucoup de lecteurs lui sauront gré, les étrangers surtout. Un critique aussi alerte que sévère, ne découvrant pas le motif de ces utiles indications, a cru, et, sans plus examiner, a dit bien vite que l'Académie approuvait ces formes surannées. J'avais un moment pensé qu'il feignait de le croire; mais la feinte supposerait malice ou mauvaise foi, et je me garde toujours de pareilles inductions : il est plus charitable, et surtout plus poli, de conjecturer que c'est une innocente étourderie.

Je ne dois pas omettre de signaler comme une des notables qualités du Dictionnaire, la fidélité avec laquelle l'orthographe des noms propres y est conservée ou plutôt restaurée : car nous en sommes venus à cet excès de vandalisme, que la plupart des noms illustres sont presque partout indignement défigurés; et que, sans le secours de quelques hommes moins dédaigneux du passé, bien peu de Français aujourd'hui seraient capables de retrouver l'orthographe pure de ces noms sacrés. Pour moi, je l'avoue, dût ce fanatisme de la lettre exciter une moqueuse hilarité, je tressaille d'indignation et de honte, lorsque je vois dans la plupart des éditions modernes si vantées, *Lafontaine*, *Larochefoucauld*, *Labruyère*, *Lesage*, *Duguesclin*, *Lhospital*, *Ducange*, etc., ou ce qui ne vaut pas mieux, *La Fontaine*, *La Rochefoucauld*, *La Bruyère*, *Le Sage*, *Du Guesclin*, *L'Hospital*, *Du Cange*, au lieu de *la Fontaine*, *la Rochefoucauld*, *la Bruyère*, *le Sage*, *du Guesclin*, *l'Hospital*, *du Cange*, etc. Ainsi, des hommes de courage, d'éloquence et de savoir, se consumeront en efforts généreux pour glorifier leur pays ou rendre leur nom mémorable; et ce nom, le seul bien que la mort ne peut leur ôter, sera laissé à la merci d'un prote insouciant ou malhabile !... Oh! cela ne peut être; et, grâce à l'Académie, cela ne sera pas. Mais il ne fallait pas moins que cette imposante et souveraine autorité, pour mettre un terme aux profanations de l'ignorance, et réparer le mal que l'incurie des grammairiens a si patiemment laissé faire.

Malgré son respect et son attachement pour les vieux usages de la parole écrite, l'Académie ne pouvait repousser les modifications qu'une longue habitude a maintenues dans l'orthographe, et qui, sans attaquer le génie de la langue, contribuent à simplifier ses règles compliquées. Elle a définitivement adopté la substitution de l'*ai* à l'*oi*, dans les mots où ce dernier n'était plus qu'un signe équivoque ou trompeur. Cette utile innovation, proposée d'abord sans le moindre succès par un obscur avocat de province, reçut plus tard de la puissante main de Voltaire cette force de popularité qui a presque l'énergie des superstitions. D'Alembert faisait doucement remarquer à son maître, qu'il remplaçait un abus par un autre abus, et que *ai* ne représentait pas mieux *è* que l'*oi* si malvoulu. Il fut lestement rembarré par le têtu réformateur. Voltaire s'empressa de répliquer, en alléguant cinq raisons qu'il croyait ou feignait de croire très-bonnes, mais dont la meilleure ou la moins mauvaise ne valait pas l'autorité de son nom. Il aurait pu en faire valoir une sixième, que je trouve excellente, sans doute parce que je crois m'en être avisé le premier (1) : c'est à savoir, que, dans la nécessité d'employer une orthographe qui conservât le double élément-voyelle, et qui fût en même temps conforme à la prononciation, on ne pouvait choisir de signe plus fidèle que la réunion des deux voyelles *a i ;* car toujours, si je ne m'abuse, nous les prononçons comme l'*è* grave lorsqu'elles appartiennent à une syllabe finale et qu'elles sont suivies d'une consonne autre que l'*l* (2). La moindre incertitude sur la manière de prononcer les imparfaits, les conditionnels, les noms de peuple, etc., ne saurait donc plus être permise à quiconque possède les premières notions de la lecture; et l'étranger, comme le Français, ne peut maintenant attribuer qu'à sa seule ignorance le doute qui l'arrête ou la méprise qu'il commet.

C'est encore, selon moi, par une très-judicieuse déférence que l'Académie conserve le *t* au pluriel des mots en *ant* et en *ent*, et sanctionne l'usage qui est aujourd'hui le plus général. Comme il faut rendre justice à chacun, je dirai cette fois à la louange des grammairiens, qu'ils ont la plupart conseillé cette utile et sage réforme longtemps avant que l'Académie l'eût adoptée. Voilà, certes, de la belle et bonne impartialité.

Le même discernement paraît avoir présidé au choix que l'Académie a fait dans l'immense vocabulaire néologique ouvert devant elle depuis plus de quarante ans, et qui chaque jour est grossi par la science, ou par le charlatanisme verbeux. Il fallait une grande sûreté de jugement pour ne pas céder à la force de l'exemple quand il est mauvais, pour le sanctionner à propos quand il est bon; il fallait surtout une sagacité peu commune, un tact juste et fin, pour prévoir la destinée des termes nouveaux, en appréciant l'importance et la durée de ce qui en a déterminé la création. De telles qualités ne sont peut-être jamais l'apanage d'un seul homme, parce que le

(1) Je me trompais : de nouvelles recherches m'ont appris qu'elle avait été parfaitement développée par M. Vanier dans deux articles remarquables publiés, il y a près de quatorze ans, vers l'époque où l'Académie prit la décision que je mentionne. Voyez les *Annales de grammaire*, par la Société grammaticale, p. 182 et p. 283, Paris, 1823.

(2) Excepté dans *je sais*, *je vais*, qu'on prononce *je sè*, *je vè*.

moins passionné a toujours, quoi qu'il fasse, ses prédilections et ses répugnances qui le maîtrisent. Elles semblent ne pouvoir appartenir qu'à une réunion d'esprits divers, où les préventions respectives se neutralisent et ne laissent dominer que l'impassible raison.

L'Académie est l'organe de l'usage, mais l'organe intelligent et discret; elle ne consent pas à devenir un de ces aveugles échos d'autant plus admirés qu'ils répètent plus de paroles. Elle ne crie point au public ébahi : « Voilà cinquante mille mots, en voilà cent mille, en voilà cent cinquante mille; êtes-vous contents? » Elle dit : « Voilà ce qui me semble utile, raisonnable et vrai; je ne suis point un compilateur indifférent, mais un juge. » Il suffira de quelques exemples pour montrer qu'elle s'est dignement acquittée de son devoir, au grand avantage de notre langue, aujourd'hui si fatiguée de son maladif embonpoint.

Ainsi le Dictionnaire admet les mots *utiliser, mobiliser, populariser, régulariser,* parce qu'ils sont formés d'après la même analogie que *subtiliser, familiariser,* etc., et qu'ils ont déjà, comme ces derniers, leurs substantifs correspondants, *utilité*, *mobilité, popularité*, *régularité*. Il recueille également *délimiter*, *délimitation*, qui répondent à *limiter* et *limitation*, comme *réfléchir* et *réflexion* à *fléchir* et *flexion*.

Mais l'Académie réprouve, jusqu'à ce qu'un plus long usage ait fait oublier la barbarie de leur origine, les verbes *activer, démoraliser, se suicider*. Le premier, qui est un dérivé d'*actif*, devrait rigoureusement avoir une forme moulée sur celle de *vivifier,* dérivé de *vif*, et l'on dirait *actifier*. Il est bien vrai que *vif* est la souche des mots *aviver* et *raviver;* mais ce sont là des composés, qui suivent la même loi que les dérivés analogues de *pur*, par exemple, lequel donne *épurer, apurer*, etc., mais dont le dérivé simple est *purifier*. Une raison subsidiaire qui a dû déterminer le rejet absolu du mot *activer,* c'est qu'il est de la plus parfaite inutilité; car on peut toujours le remplacer par les mots *accélérer, presser*, *hâter*, au moins si l'on se borne à la signification qui paraît lui être généralement attribuée. Mercier, ce néologue fougueux, le retourne comme un chapeau d'arlequin, et lui donne trois sens : l'usage a donc aussi ses timidités, puisqu'il n'en tolère qu'un seul?

Quant au verbe *démoraliser,* qui entraîne avec lui le substantif *démoralisation*, je ne connais qu'une raison qui pût le faire admettre; c'est le besoin d'énoncer un fait terrible dont la triste évidence frappe tous les esprits. Mais si la chose est affreuse, le mot doit-il être barbare? A-t-on jamais dit, *moraliser un peuple*, pour dire, donner à un peuple une morale, de bonnes mœurs? et le terme de *moralisation* se trouve-t-il ailleurs que dans Boiste? Le verbe *démoraliser,* avec l'acception qu'on lui prête, et son substantif *démoralisation*, mentent donc à leur origine, et n'expriment qu'un grossier contre-sens. Je conviens qu'il existe dans notre langue beaucoup de dérivés dont la signification ne cadre plus avec celle du mot qui les a fournis : c'est un fâcheux résultat des lentes et inégales altérations que la langue éprouve, et peut-être aussi du développement imparfait de ses lois de dérivation. Pour cela, faut-il aggraver le mal, et augmenter la liste des mots incongrus à l'intelligence desquels l'étymologie même est fatale?

J'ai parlé d'une idée affreuse exprimée par un terme barbare : cela nous ramène assez naturellement au prétendu verbe *se suicider*. Il existe peu de mots qui attestent davantage l'ignorance de ceux par lesquels ils furent mis en crédit. Mercier n'en a pas voulu : c'est tout dire. L'abbé Desfontaines créa le substantif *suicide*, qu'on peut au moins justifier par le mauvais latin *suî cædes*, meurtre de soi-même; et bientôt naquit le monstrueux dérivé *se suicider*, auquel l'analyse n'ose point toucher, tant il offre de non-sens. Comprenez-vous, dites-moi, *je me suiciderai*, en d'autres termes, *je me* (*me* régime direct) *commettrai un meurtre de soi-même?* C'est l'absurde élevé à sa plus haute puissance. Anathème donc à cet indigne petit-fils de Desfontaines, que son aïeul même désavouerait; et revenons au simple parler de nos pères, qui disaient tout bonnement *se tuer, se donner la mort*, ou avec une pittoresque énergie, *se défaire*.

Il est un mot, le verbe *baser,* que défendront avec opiniâtreté les néologues amateurs du superflu, malgré l'avertissement que l'Académie leur donne aujourd'hui par son silence. *Baser* est conforme à l'analogie, mais il est en revanche tout aussi complétement inutile qu'*activer;* et je doute, malgré la faveur dont il semble jouir, que ce double rédondant du verbe *fonder* puisse jamais être sanctionné par le bon usage, et trouver grâce devant les juges qui l'ont condamné.

Parmi les articles dont l'Académie a cette fois augmenté son Dictionnaire, on en remarque plusieurs sur les noms propres devenus appellatifs qui se reproduisent assez fréquemment dans le discours, tels que *Amphitryon*, *Dulcinée*, *Nestor, Stentor*, etc., mais il ne m'a pas été possible de découvrir le motif pour lequel, admettant les deux premiers, *Amphitryon* et *Dulcinée*, elle ne veut point de *Sosie* et de *don Quichotte*, qui en sont comme les corrélatifs obligés, les pendants lexicographiques, et dont la valeur appellative ne saurait être douteuse. Serait-ce une omission tout involontaire? J'incline à le penser : ne voit-on pas des taches au soleil?

Pour qui ne jure que par l'ordre alphabétique, le Dictionnaire est muet sur cette foule de mots cachés pour ainsi dire au fond de la langue, et qu'une plume ingénieuse ou hardie peut amener au grand jour, lorsqu'elle manque des termes nécessaires à la complète et vive expression de la pensée. Les esprits moins étroits et moins routiniers s'apercevront bientôt que l'Académie est à cet égard suffisamment explicite, et qu'elle a fait, sans hésiter, toutes les concessions que l'analogie réclame. Elle donne, par exemple, dans l'article consacré à la particule Re, la loi de formation que doivent suivre les mots à la composition desquels on l'emploie; puis elle ajoute : « Il « serait inutile de réunir dans un dictionnaire « tous les mots qu'*on est libre* de former avec la « particule *Re;* nous nous bornerons à indiquer « ceux qui sont consacrés par l'usage. » Dans les articles In, De, Sous, etc., elle montre la même prévoyance et une réserve tout aussi indulgente. Après cela, que penser de ces accusations téméraires par lesquelles on impute à l'Académie d'avoir omis les mots *déconstruire*, *sous-interpréter*, et d'autres, employés dans la préface du Dictionnaire avec tant de justesse et d'à-propos? Il faut y voir un premier et irréfléchi mouvement de l'amour-propre satisfait, bien plutôt que le désir véritable de donner au public d'utiles avertissements.

L'Académie n'avait pas seulement à choisir parmi les termes récents qui attendaient une décision favorable ou contraire; elle devait aussi l'attention la plus sérieuse aux mots qui sont dans le patrimoine certain de notre langue; et c'est avec une scrupuleuse application qu'elle s'est attachée à revoir leurs définitions, à constater leur acceptions vieillies, et surtout à recueillir leurs emplois nouveaux. De là une augmentation qui trouvera, je m'assure, de nombreux approbateurs, et qui affaiblira singulièrement le reproche de timidité parcimonieuse. Comme les chiffres ont aujourd'hui toute puissance pour déterminer les convictions, je vais dresser un tableau comparatif qui fera mieux voir le développement donné au vieux fonds sur lequel a travaillé l'Académie. Je prends les articles au hasard, dans le premier volume seulement. La deuxième colonne indique le nombre d'alinéa qu'ils avaient dans l'édition de 1798, et la troisième celui qu'ils ont dans le nouveau travail.

Articles.	Édition de 1798.	Édition de 1836.
Aimer	11	18
Anatomie	5	10
Avoir	12	30
Balance	10	17
Billet	11	17
Briller	4	8
Brûler	23	42
Bureau	10	18
Cercle	9	17
Changer	11	16
Chevalerie	3	6
Cœur	56	70
Comédie	7	23
Compter	13	24
Connaître	14	29
Conseil	17	37
De	19	60
Dégager	13	21
Dessous	14	22
Dessus	23	35
Dire	45	70
Donner	110	156
Eau	66	77
Encore	7	11
Esprit	37	48
Être	44	58
Fabrique	7	13
Faire	108	128
Feu	52	88
Fixer	7	17
Fond	23	41
Force	31	50
Garantie	2	7
Garnir	11	18
Gloire	11	15
Grand	28	63
Guide	5	8
Hardiesse	5	9
Haut	58	102
Homme	41	65
Honneur	27	47
Huit	3	7
Total	1013	1618

Il est bizarre peut-être, en pareille matière, d'argumenter d'une addition ; mais les prôneurs de lexiques ont eu si souvent recours à cette logique de comptoir, et le public est tellement accoutumé à l'applaudir, que je n'ai pu résister au désir d'en faire également mon profit.

On a fréquemment, et de très-bonne foi, reproché à l'Académie (car que ne lui reprochet-on pas ?) l'abondante profusion de ses exemples, leur insignifiance, leur inutilité, que sais-je? Et longtemps cette opinion m'a paru spécieuse au point de m'entraîner dans l'hérésie. Mais l'étude, un peu précipitée pourtant, a laquelle j'ai dû me livrer, pour prendre du travail de l'Académie une idée plus nette que celle dont j'étais redevable aux grammairiens et aux lexicographes ses rivaux, m'a tout à fait converti ; et si je ne craignais de tomber dans l'exagération, j'oserais prétendre qu'il n'est peut-être pas un seul de ces exemples tant méprisés dont on ne pût justifier la nécessité. Ainsi, me dira-t-on, vous approuvez, *Cinquante-cinq s'écrit par deux cinq* (article Cinq), *Il perdit dans la soirée cinquante napoléons* (article Napoléon), et autres phrases merveilleusement instructives? Assurément: car le premier de ces exemples renferme une solution très-importante; et le second deux, rien que cela. N'est-il pas clair, en effet, que par l'un l'Académie a voulu confirmer l'invariabilité du mot *cinq*, qui jamais ne peut recevoir le signe du pluriel? Son intention est tout aussi palpable dans l'autre : elle nous enseigne que les noms propres devenus appellatifs prennent l'*s* au pluriel, et changent même leur initiale majuscule en une lettre ordinaire, quand ils ne servent plus à désigner les personnes, mais seulement quelque objet qui s'y rapporte, comme *cicéro*, *calepin*, *saint-augustin*, etc. Il faut absolument fouiller la terre pour avoir l'âme de Pierre Garcias, et ne pas imiter l'étourderie de l'écolier goguenard qui se moqua follement du bon homme.

Un fait tout récent prouve que l'Académie ne saurait trop multiplier les exemples, et même les répéter. On a signalé comme barbare (dans le *Courrier français*, je crois) la locution *sous tous les rapports*, que l'Académie, au mot Égard de la nouvelle édition, emploie pour traduire l'expression *à tous égards;* et l'on a dit que l'Academie elle-même ne l'avait point insérée dans l'article Rapport. Cette dernière observation est juste, et fortifie ce que j'ai dit plus haut. Mais le critique aurait dû pousser plus loin sa recherche : en consultant l'article de la préposition Sous, il eût trouvé la locution dont il fait si bon marché, ou du moins ses analogues. Je cite : « *Sous ce rapport,* A cet égard. *Il lui est inférieur sous ce rapport, sous plus d'un rapport.* » (T. 2, pag. 771, col. 1.) Ce n'est pas là, j'en conviendrai, le style du bon siècle ; toutefois cette façon de parler n'est pas née d'hier, et d'ailleurs elle n'offre pas une de ces alliances de mots qui sont l'effroi de la syntaxe. Il y a tantôt cinquante ans que Gattel, grammairien de renom, l'employait sans scrupule. Voici sa phrase : « L'analogie, si généralement observée, « entre le génie d'une langue et celui du peuple « qui la parle... ne s'étend pas toujours et sans « restriction à tous *les rapports* sous *lesquels* « la première peut être envisagée (1). » On devine aisément pourquoi j'invoque ici de préférence l'autorité d'un grammairien, lorsque je pourrais citer Montesquieu, lequel a même osé dire, *considérer l'homme* sous *divers égards* (2), ce qui certes est beaucoup plus extraordinaire.

Il me semble en avoir dit assez pour faire apprécier les qualités qui distinguent le nouveau *Dictionnaire de l'Académie française*. Au moment ou j'écris, le succès justifie si pleinement les espérances des libraires, qu'ils doivent sans doute avoir peu de souci des critiques anticipées et intéressées qui plaçaient honteusement l'Académie au-dessous de M. N. Landais! et qui le croirait? au-dessous même de M. Raymond!!!!

Je ne terminerai pas cet article sans dire un mot de la préface ou plutôt de la brillante dissertation due a la plume éloquente et facile de M. Villemain. Elle embrasse et lie habilement deux sujets, en retraçant les variations nécessaires du langage, et l'histoire des longs travaux de l'Académie. C'était une heureuse occasion de réfuter les critiques dont le plan du Dictionnaire a tant de fois été l'objet, et M. Villemain la saisit : il combat surtout avec une logique adroite et pressante l'opinion qui veut les étymologies et celle qui réclame les citations textuelles ; et je doute qu'il reste à ses adversaires le moindre désir de continuer la lutte avec ce jouteur expérimenté. Dans ces pages où la raison est si délicatement assaisonnée de l'esprit, à travers ce style ferme, élégant et pur, circule une érudition dispensée avec tant d'art, que loin de fatiguer l'attention, elle vient toujours à propos l'animer et la soutenir. Le secrétaire de l'Académie n'a point dégénéré de l'illustre professeur de Sorbonne ; et les auditeurs, maintenant dispersés, que le charme de sa parole attirait nombreux autour de lui, ne liront pas, sans une émotion de plaisir et de regret, cette œuvre du maître aujourd'hui silencieux qui leur fit aimer de nobles études et concevoir de généreux enthousiasmes.

A. Z.

(1) *Nouveau Dictionnaire espagnol*, Discours préliminaire, p. 35, Lyon, 1790.

(2) *Réponses aux objections sur l'Esprit des lois*, liv. Ier, c. 2.

JOURNAL DES DÉBATS (1).

La publication du *Dictionnaire de l'Académie française* est un événement littéraire qui mérite d'attirer l'attention du public. Je ne parle pas de la longue attente qu'a excitée ce travail : il y a dans cette attente et dans le bruit qu'on en a fait, plus de malice que de bonne foi. Chacun sent en effet que le dictionnaire d'une langue ne doit point se publier tous les ans. Les négociants font leur inventaire tous les ans, et c'est fort bien fait; mais si l'Académie inventoriait tous les ans la langue française, le ridicule aurait contre cet inventaire annuel une bien plus juste prise que contre le dictionnaire qui ne paraît que de siècle en siècle. Il y a eu jusqu'ici trois éditions réelles du Dictionnaire, en 1694, en 1762, et celle que nous annonçons aujourd'hui. C'est bien assez. Comme chaque édition du *Dictionnaire de l'Académie* marque une des phases de notre langue, soixante ou quatre-vingts ans d'intervalle ne sont pas trop pour créer entre ces phases des différences qui méritent d'être constatées; soixante ou quatre-vingts ans ne sont pas trop pour que le triage se fasse entre les mots que le monde crée chaque matin et les mots que l'usage adopte.

Il y a toujours deux langues dans une société : le jargon du jour et le langage du siècle. Comme chaque jour a son événement et son caractère, l'usage crée des mots pour exprimer ce caractère et cette pensée du jour. Si la pensée en vaut la peine, le mot qui l'a exprimée reste et passe dans l'usage de la langue; si l'événement et la pensée sont peu de chose et ne valent pas la peine de vivre, le mot reste dans le jargon et meurt bientôt : c'est le sort ordinaire des mots de parti. Pendant quelques années tout le monde s'en sert; puis un beau jour ils disparaissent et deviennent inintelligibles. Les choses qu'ils exprimaient n'étaient point assez fortes ni assez justes pour les faire vivre. Si l'on faisait tous les ans le dictionnaire d'une langue, on serait exposé à confondre ensemble le jargon et la langue, les mots du jour et les mots du siècle, ceux qui doivent mourir et ceux qui doivent vivre. Le temps seul épure le langage d'un peuple de toutes les expressions momentanées, de tous les mots de circonstance; le temps tue le jargon et l'argot, et ne laisse vivre que la langue (1).

La publication d'une édition nouvelle du *Dictionnaire de l'Académie* est donc une occasion favorable pour constater l'état de la langue; mais pour constater cet état de la langue, que de difficultés! Ce n'est pas l'Académie qui crée la langue, chacun le sait : elle la trouve et la décrit. La langue se fait toute seule, par l'usage. Or, cet usage qui crée les langues, qui sait exactement ce que c'est? qui sait comment il procède, quelles sont ses lois? s'il est tantôt fécond et tantôt stérile? si sous son influence mystérieuse il y a pour les langues un commencement, une maturité, une décadence? On dit qu'au siècle de Louis XIV la langue est fixée. Qu'est-ce qu'une langue fixée? Si la langue française a été fixée au temps de Louis XIV, faut-il croire que depuis ce moment elle est en train de décadence? Puis,

(1) Peu de jours auparavant (mars 1836), le Journal des Débats annonçait :

« L'Académie française vient de terminer la révision ou plutôt la recomposition générale de son *Dictionnaire*, dont la dernière édition avait paru en 1762. Cette édition est, en effet, la *dernière* qu'elle ait avouée; et ce serait étrangement s'abuser que de prendre les récentes publications décorées du titre de nouvelle édition du *Dictionnaire de l'Académie*, pour le résultat des longues et patientes études auxquelles cette compagnie s'est livrée depuis plus de trente ans, afin de mettre son Dictionnaire en rapport avec l'état actuel des connaissances, et surtout avec les institutions politiques nouvelles qui ont exercé tant d'influence sur le grand art de la parole. Lorsque l'Académie française eut donné au public l'édition que nous venons de citer, son secrétaire perpétuel, d'Alembert, puis Marmontel qui lui succéda, s'occupèrent d'en préparer une nouvelle, en faisant sur les marges et dans les interlignes d'un exemplaire de 1762 un assez grand nombre d'additions et de corrections.

« La révolution survint : les sociétés savantes et littéraires furent dissoutes, et une loi du 6 thermidor an II ayant déclaré que leurs biens seraient réunis au domaine public, le *Dictionnaire de l'Académie française* devint propriété nationale.

« Il fallut tirer parti de cette bizarre confiscation : un décret de la Convention, du 1er jour complémentaire an III, ordonna que *l'exemplaire chargé de notes marginales et interlinéaires serait remis aux libraires Smith, Maradan et compagnie, pour être par eux rendu public après son entier achèvement*, et enjoignit auxdits libraires *de prendre avec des gens de lettres de leur choix les arrangements nécessaires pour que ce travail fût continué et achevé sans délai.*

« L'édition commandée par ce décret fut terminée et parut en l'an VII (1798); mais l'Académie n'a jamais reconnu ni pu reconnaître un travail auquel elle avait eu si peu de part, et où d'ailleurs tout décèle la précipitation et la négligence. Les hommes de lettres choisis par les libraires durent se hâter pour satisfaire à l'impatience de la loi; mais cette prompte obéissance les rendit souvent infidèles aux règles du goût et du langage. On peut voir, dans l'exemplaire que mentionne le décret, et qui est maintenant déposé à la bibliothèque de l'Institut, avec quelle témérité ces réviseurs diligents ont supprimé des articles irréprochables dus à la plume des secrétaires perpétuels d'Alembert et Marmontel, et combien ils en ont ajouté d'autres dont la rédaction, toujours médiocre, souvent vicieuse, défigure l'ancien travail de l'Académie.

« Cependant le *Dictionnaire de l'Académie*, ainsi mutilé ou altéré, n'en est pas moins encore la seule autorité reconnue, malgré la concurrence de lexicographes estimés qui lui ont disputé la faveur publique : en grammaire, il est le régulateur suprême, et en jurisprudence il fait loi, aussi l'a-t-on sans cesse réimprimé. Une telle confiance dans le premier corps littéraire de la nation, est la plus forte garantie du succès qui attend l'édition nouvelle, préparée avec une si sage et si scrupuleuse lenteur.

« Dès que l'Académie française fut reconstituée, elle s'occupa de refaire son Dictionnaire et de continuer l'œuvre interrompue par la révolution. Cette entreprise est arrivée à son terme, grâce aux efforts persévérants des hommes de goût et de savoir qui étaient appelés à exécuter cette œuvre si difficile, puisque l'Académie française et celle de la Crusca sont jusqu'à présent les seules qui en aient doté leur pays. »

(1) Ceux-là même qui ont taxé quelquefois de témérité l'Académie française s'étonneront peut-être de la voir adopter tout d'abord un mot créé et introduit dans la langue presqu'à l'époque de la publication de son Dictionnaire : c'est le mot *Omnibus*, qui s'offre même sous un aspect bizarre quoique latin. Mais l'Académie, jugeant que ce mot, accueilli généralement en raison de l'utilité de l'institution à laquelle il s'appliquait, et qui répondait aux besoins d'une société toujours en mouvement, était assuré d'une longue durée, n'hésita pas à en consacrer aussitôt l'adoption.

quels sont les signes de cette décadence? à quoi se reconnaît-elle? Questions immenses, délicates, obscures, qui demandent, pour être seulement discutées, le génie d'un observateur profond et pénétrant, et surtout, à mon avis, le génie du littérateur le plus fin et le plus sensible. Ce n'est pas assez en effet, pour traiter ces questions, de pénétrer d'un œil assuré les procédés que l'esprit humain emploie à son insu dans la création et dans le développement des langues. La philosophie peut bien ouvrir la porte de ce musée mystérieux, mais le goût et la sensibilité littéraire peuvent seuls faire comprendre le mérite et la grâce des mots, qui sont comme les peintures des monuments de notre esprit, et qui en rendent les gestes et la physionomie. Souvent une langue perfectionne sa grammaire et la rend plus méthodique; elle donne à la syntaxe de sa phrase quelque chose de plus analytique et de plus net; tout cela fait qu'aux yeux du philosophe elle paraît s'épurer et s'embellir; et cependant elle peut, à ce moment même, être en pleine décadence. Qui jugera de cette décadence? Le génie du littérateur, qui seul voit comment le rapport des mots à la pensée commence à s'altérer, comment le mot plus vague et plus abstrait flotte autour de l'idée, au lieu de la saisir et de la vêtir avec une élégante netteté. Or, ce rapport des mots aux pensées, c'est là tout le mérite des langues; c'est par là qu'elles sont un art comme la peinture et la sculpture elles-mêmes.

Dans les arts, les procédés d'exécution deviennent chaque jour plus faciles et plus simples, ce qui n'empêche pas leur décadence. Le sculpteur peut acquérir plus d'habileté à tailler et à façonner le marbre; le peintre peut avoir des couleurs plus finement travaillées; il peut manier le pinceau avec plus d'aisance; tout ce qui est du métier peut devenir d'un usage plus prompt, sans que pour cela les statues et les tableaux soient meilleurs; le mérite, en effet, de la peinture et de la sculpture est aussi tout entier dans le rapport de l'expression à la pensée. Il y a telle statue gothique, toute roide et guindée, qui est plus belle qu'un groupe du Bernin ou de Bouchardon, où le marbre est contourné de mille manières et pétri comme une cire. Il y a tel tableau byzantin plus beau qu'une de ces grandes machines pittoresques comme le Dernier Jour de Pompéi que nous avons vu au dernier salon. Le tableau byzantin est moins bien exécuté, cela est certain; mais la facilité de l'exécution est peu de chose au fond. L'exécution tient à la mécanique, l'expression tient à l'art. Ce sont choses, ce sont aussi destinées toutes différentes. On peut dire des langues ce que nous venons de dire de la peinture et de la sculpture. Elles ont aussi leur mécanique, c'est-à-dire leur grammaire, qui peut devenir plus facile, plus simple et plus méthodique. Mais si les mots, si la phrase n'exprime plus l'idée avec la même vivacité et la même netteté, peu importe que la grammaire se perfectionne. Il y a décadence. Le littérateur est le seul observateur et le seul juge de ce déclin caché des langues.

Nous avons dit ce qu'il fallait de pénétration et de perspicacité philosophique, ce qu'il fallait de goût et de sensibilité littéraire pour constater l'état d'une langue. Dans un temps comme le nôtre, où l'éloge est devenu banal et déclamatoire, où la louange participe plus que tout le reste de notre langue, de l'altération des rapports entre les mots et la pensée, c'est à peine si j'ose dire que M. Villemain, dans la Préface du *Dictionnaire de l'Académie*, s'est montré observateur aussi pénétrant et aussi profond que littérateur ingénieux et sensible; c'est à peine si j'ose dire que dans aucun ouvrage de critique et de philologie il n'y a une aussi heureuse réunion des deux sortes de génie que nous exigeons. Il faut de nos jours atténuer les éloges quand on veut qu'ils ne ressemblent pas à ceux que reçoit le premier venu. Disons cependant que nous n'aurons vu nulle part jusqu'ici les questions qui touchent à la nature et à l'organisation des langues, traitées avec cette pénétration et cette justesse d'esprit, avec ce tact délicat et fin, surtout avec cette simplicité de bon goût, si rare de nos jours. A-t-on aujourd'hui une idée, si petite qu'elle soit, sur la création et sur le développement des langues? vite un grand et large système, où la pauvre idée se perd comme un petit homme dans un grand manteau. Je ne vois que des gens qui découvrent à peine des îlots, et qui font pour leur îlot plus de bruit que Colomb et que Vasco de Gama. Dans M. Villemain, point de systèmes prétentieux, point d'ébahissements des découvertes qu'il fait. Tout est dit d'une manière simple et ferme, et cependant tout est neuf et hardi, mais sans paradoxe; tout est profond, mais sans vide et sans creux.

M. Villemain croit qu'il y a pour les langues une époque de maturité qui touche de bien près à leur décadence. Notre temps est encore dans l'époque de maturité; mais gare à nos descendants, envers qui M. Villemain n'est pas tenu d'être aussi poli qu'envers ses contemporains! Ils m'ont bien l'air de devoir appartenir à l'époque de décadence. C'est au dix-septième siècle que notre langue fut fixée, et c'est depuis ce temps que dure sa maturité, en penchant chaque jour davantage vers son déclin, comme l'homme qui est formé à vingt-cinq ou trente ans, et dont l'âge mûr dure jusqu'à soixante. Le signe auquel M. Villemain reconnaît que notre langue était fixée au dix-septième siècle, est l'*analogie* qui dépend beaucoup de ce que nous appelons le rapport des mots à la pensée. « L'analogie, « dit M. Villemain, était au dix-septième siecle « la qualité dominante de notre langue, et c'est « en grande partie la cause du plaisir qu'on trouve « à la lecture des bons livres de cette époque, « de ceux même qui n'ont pas le caractère émi- « nent du génie, et qui ne peuvent nous préoc- « cuper par la nouveauté des idées et des con- « naissances. Nous y sentons, dans le style, dans « l'accord des pensées, des expressions, des ima- « ges, une justesse qui satisfait l'esprit. Quand « un mérite semblable cessa d'appartenir à la « langue latine, quand les mots effacés et comme « usés par le long usage y perdirent leur sens « propre, et que l'oubli de leur sens figuré dé- « truisit toute analogie dans leurs rapports, on « peut voir par les auteurs de la décadence com- « bien cette langue devint obscure et parfois « inintelligible. L'avenir saura ce que le même « défaut de justesse et de goût peut faire de no- « tre langue française, autrefois si précise, si « juste et si claire. »

Avec la finesse de goût et la pénétration d'esprit qu'il montre dans sa préface du Dictionnaire, M. Villemain doit savoir mieux que personne quels sont les défauts d'un travail de ce genre; il sait quelles critiques on peut faire du travail particulier de l'Académie, et en homme habile il en fait lui-même quelques-unes. Ce sont les critiques, il est vrai, auxquelles aucun dictionnaire ne peut échapper quand il veut donner la définition des mots qu'il inventorie. Il y a des mots qu'on ne peut pas définir; ce sont ceux d'abord qui servent à définir les autres. Définissez donc le verbe *Être* et le verbe *Faire!* Ce sont ensuite ces mots *primitifs*, comme dit Pascal, et qui sont par eux-mêmes plus clairs que les mots qui servent a les définir. Définissez donc clairement *Ame*, *Vie*, *Mouvement*, *Dieu!* A coup sûr, le défini sera toujours plus clair que la définition. Il en est de ces mots comme des idées mêmes auxquelles ils correspondent. L'homme accepte ces idées sans pouvoir les expliquer; ce sont les notions nécessaires de son intelligence. M. Villemain justifie aisément l'Académie à ce sujet; si elle définit mal ces mots, c'est qu'il est impossible de les définir.

Frappées de cet inconvénient, quelques personnes auraient voulu que le *Dictionnaire de l'Académie* ne donnât point de définition, et qu'il se contentât de donner, d'après nos auteurs classiques, les diverses acceptions des mots. C'est sur ce plan qu'est fait le *Lexicon totius Latinitatis* de Facciolati, ouvrage justement estimé. M. Villemain, sans méconnaître ce que ce plan aurait de bon, montre cependant qu'il aurait aussi ses inconvénients, et peut-être, pour être critiqué comme le plan de l'Académie, ne lui manque-t-il que d'avoir été exécuté. Supposez qu'à chaque mot l'Académie rapporte les diverses acceptions dans lesquelles nos auteurs l'ont employé; comme ces acceptions sont très-diverses, quelle est celle que choisira l'écrivain? Ne risque-t-il pas de l'employer dans une acception qui ne serait plus en usage aujourd'hui? Je sais bien que tout écrivain est libre de donner aux mots une acception surannée, si bon lui semble. Mais au moins, s'il le fait aujourd'hui, il le fait en pleine connaissance de cause; il sait qu'il fait de l'archaisme.

Prenons un exemple pour faire comprendre l'inconvénient qu'il pourrait y avoir à substituer, dans le dictionnaire d'une langue vivante, les acceptions aux définitions et le plan de Facciolati au plan de l'Académie.

J'écris sur la civilisation, j'ai parlé des hommes policés par les lois, des esprits polis par la littérature des peuples civilisés, et jusqu'ici ma phrase est bien de notre temps. Ces expressions de *policés* me font penser à *police*, de *polis* à *politesse*, de *civilisés* à *civilités*; et pour voir si ces mots répondent à ma pensée, j'ouvre un dictionnaire qui ne donne que les acceptions sans définition. Je trouve que dans Bossuet *police* est vraiment le substantif de l'idée qu'exprime le verbe *policer*; je trouve aussi que *politesse* et *civilité* dans nos anciens auteurs, sont employés dans le sens des verbes *polir* et *civiliser*. J'écris donc dans ma phrase du dix-neuvième siècle, *police*, *politesse* et *civilité* dans le sens de civilisation. On m'avertit que ces mots ont changé d'acception depuis Louis XIV, et que ma phrase, mêlée de mots de 1835 et de mots de 1660, est grotesque et ridicule; si j'avais, dans le dictionnaire, trouvé la définition usuelle du mot, je ne serais pas tombé dans cette erreur.

J'ai souvent pensé qu'il en était du latin moderne comme de la phrase que je viens d'indiquer, et qu'un Romain du temps d'Auguste ou de Sénèque, s'il nous lisait, serait fort étonné du bizarre mélange de tant de mots de dates différentes, les uns vieux, les autres neufs. Ce qui fait qu'en latin nous sommes, sans nous en douter, tantôt dans l'archaisme et tantôt dans le néologisme, et cela à deux phrases à peine d'intervalle, c'est que nous n'avons aucun livre qui fasse l'inventaire de la langue latine à une époque fixe et certaine, et qui en définisse les mots selon l'acception qu'ils avaient à ce moment. Le dictionnaire de Facciolati est l'inventaire d'une langue morte. Les mots n'y sont définis que par les acceptions diverses que les auteurs leur ont données, et ces mots, nous les mêlons dans la même phrase sans nous inquiéter de leurs âges différents. Il doit résulter de ce mélange un vrai style d'arlequin dont nous sommes très-fiers, faute de voir ses étranges bigarrures.

L'avantage des définitions, c'est qu'elles fixent l'état d'une langue à telle ou telle époque, et qu'elles marquent l'acception usuelle des mots à cette époque. Toutes les fois surtout qu'il s'agit des mots d'une langue vivante, dont l'usage varie et change sans cesse le sens, il faut des dictionnaires qui définissent, afin de constater l'usage récent et de l'opposer à l'usage ancien. Avec des recueils d'acceptions, vous n'auriez que la langue des livres; vous n'auriez point la langue de la conversation, langue si remuante pourtant et si animée. Quand une société est morte et que sa langue ne vit plus que dans les livres, il est tout naturel de se contenter de faire un recueil des acceptions diverses des mots; car c'est là toute la langue. Mais pour les langues vivantes, cette manière aurait l'inconvénient de supprimer en quelque sorte une bonne partie du langage d'un peuple, et sa partie la plus animée et la plus féconde.

Nous aurions mauvaise grâce à prétendre que le *Dictionnaire de l'Académie* est parfait : l'Académie elle-même ne le croit pas; mais tel qu'il est, et malgré les défauts qui tiennent à son plan, défauts qui ne sont pas plus grands que les défauts du plan opposé, ce trésor de notre langue ne peut manquer d'être d'une grande et incontestable utilité. Sans doute ce dictionnaire sera critiqué, mais il sera encore plus consulté que critiqué. Déjà nous avons vu, avant qu'il ait paru, les tribunaux belges y avoir recours pour définir le mot *altérer la monnaie* (1); il servira souvent devant les tribunaux à établir le sens douteux de certains mots, et il aura partout l'autorité d'un livre fait avec soin par des hommes de goût.

St-Marc Girardin.

(1) A l'époque où le Dictionnaire de l'Académie allait paraître, MM. Didot reçurent, par la voie du consul de France à Amsterdam, la demande faite par les avocats de personnages importants impliqués dans un procès relatif à la fausse monnaie, d'une communication officielle de la feuille du Dictionnaire de l'Académie qui contenait, au mot *Alterer*, la definition d'*alterer la monnaie*. Bientôt des personnes envoyees a cet effet a Paris, s'adressèrent à M. Villemain, secrétaire perpétuel de l'Académie française, pour qu'il voulût bien constater que cette feuille appartenait au nouveau Dictionnaire de l'Academie. Ce fut en effet la définition de ce mot qui sauva la vie aux accusés.

CONSTITUTIONNEL.

Jamais ce Dictionnaire, dont nous annonçons la sixième édition, ne vit le jour plus à propos qu'aujourd'hui. Si ce beau travail n'était en partie un héritage légué par le passé, c'est aujourd'hui surtout qu'il aurait fallu l'entreprendre; car, après deux siècles de splendeur littéraire, une langue ne peut être loin de son déclin, puisqu'elle cherche alors dans le raffinement, des ressources de nouveauté qu'après l'épuisement de ses formes simples, le naturel de la diction n'offre plus.

A l'époque où le projet de ce Dictionnaire fut conçu, on pouvait différer sans inconvénient cet inventaire de la langue.

On peut même douter que l'Académie se fût encore bien rendu compte de la tâche qui lui était imposée, lorsque Richelieu la chargeait de donner des règles certaines à la langue, de *la rendre plus éloquente et plus capable de traiter les arts et les sciences* (1). Tout cela, sans contredit, est l'œuvre de quelques hommes de génie ou résulte des progrès généraux de l'esprit humain, et n'est nullement l'affaire particulière d'une société. On ne fait point de l'éloquence par entreprise collective. Quant à la prétention d'approprier la langue aux arts et aux sciences, est-il nécessaire d'ajouter qu'elle convenait peu à un corps purement littéraire et à peu près étranger aux sciences comme aux arts? A cette époque, c'est tout simple, les meilleurs esprits ne les comprenaient pas bien. Ce n'est pas sans un léger sourire que, dans une admirable préface placée en tête de cette sixième édition, M. Villemain retrace le naïf enthousiasme des premiers académiciens, quand ils se proclamaient eux-mêmes « des ouvriers en paroles », travaillant à l'exaltation de la France, ou quand, sous Louis XIV, ils prenaient l'engagement de rendre immortels tous les mots et toutes les syllabes consacrés à la gloire de leur illustre protecteur. Ailleurs encore, il est question de « nettoyer la langue des ordures qu'elle avait contractées. »

Au reste, il faut en convenir, le Dictionnaire de l'Académie se ressentit assez peu de ces exagérations de son autorité sur le langage. Il faut reconnaître que l'esprit d'exclusion s'y remarque moins qu'on ne l'a dit parfois, et qu'on y rencontre peu de décisions qui ne reposent sur une critique éclairée; il faut rendre aussi cette justice à l'Académie, que la sage lenteur de son travail la préserva de bien des écueils qu'elle eût rencontrés dans une exécution précipitée. La base de ses observations, au lieu de se restreindre à quelques

(1) Article 24 du Reglement primitif de l'Académie française.

écrivains oubliés aujourd'hui pour la plupart, s'étendit ainsi à tous les chefs-d'œuvre qui fécondaient notre langue pendant qu'elle en dressait l'inventaire.

Mais je n'en soutiens pas moins qu'au milieu de ces préoccupations grammaticales qui venaient l'assaillir, dans son premier essor, le génie national perdit quelque chose de son audace et de son originalité. On ne se figure pas aujourd'hui l'empire absolu qu'avaient alors les sentences académiques sur le langage général, ni les puérilités du purisme qu'elles avaient fait naître. Chaque mot, chaque locution passait à son tour par l'étamine et devenait l'objet d'un sévère examen. Beaucoup succombaient à l'épreuve; *Car*, entre autres, était en butte à une persécution violente; *Certes* était sérieusement menacé, et la Bruyère, qui le trouvait *beau dans sa vieillesse*, regardait comme les bienfaiteurs de la langue les écrivains qui *se commettaient pour lui*. Dans cette crise du langage, se tenir au courant n'était pas chose facile. Maynard, le plus pur des disciples de Malherbe, étant venu à Paris après quelque séjour en province, se trouva tout à fait en arrière. Dès qu'il ouvrait la bouche : « Ce mot n'est plus en usage, lui disait-on; cette expression n'est plus française. » Maynard répondait par ce quatrain :

En cheveux blancs il me faut donc aller,
Comme un enfant, tous les jours à l'école.
Que je suis fol d'apprendre à bien parler
Lorsque la mort va m'ôter la parole!

On peut encore juger de l'importance attachée alors à la correction grammaticale par ce qui se passait un beau soir chez Balzac : « Chacun, dit Ménage, s'efforça de bien parler et de faire paraître ce qu'il savait; car on prenait garde à parler correctement et à ne point faire de fautes dans les entretiens d'assemblée. Enfin, tout le monde s'étant retiré, je restai seul avec Balzac. Alors, me prenant par la main, *à présent que nous sommes seuls*, me dit-il, *parlons librement et sans crainte de faire des solécismes.* »

Qu'on ne croie pas que cette peur des solécismes ne préoccupât les esprits que dans les *entretiens d'assemblée*. On n'était pas plus tranquille la plume à la main. Plus d'un grand écrivain, forcé d'immoler la vivacité de l'expression aux exigences du purisme, s'est alors impatienté du joug incommode imposé à la pensée. Fénelon se plaignait qu'on avait « appauvri, desséché notre langue; » qu'à force de scrupules de grammaire, on avait exclu toute suspension de l'esprit, toute attention, toute surprise, toute naïveté. La Bruyère ne pouvait s'empêcher de regretter ces mots pittoresques, ces tours originaux et piquants qu'on admire dans Rabelais ou dans Montaigne; la Bruyère ne voyait que bizarrerie et caprice dans *la fortune de certains mots* et *la proscription de certains autres*. Mais la sentence académique n'en était pas moins portée et n'en devenait pas moins obligatoire. Au milieu de ces veilles inspirées, où le grand Corneille décidait notre avenir littéraire, souvent la peur d'un solécisme fit tomber la plume de ses doigts. Doutez-vous encore de ces timidités d'un esprit supérieur, lisez ces lignes écrites pendant le procès intenté au *Cid :* « J'attends avec impatience les sentiments de l'Académie, afin d'apprendre ce que désormais je dois suivre. Jusque-là, je ne puis travailler qu'en défiance, et n'ose employer un mot en sûreté. »

Je crois n'avoir rien dissimulé des inconvénients de la philologie dans une époque de premier développement littéraire. Je dois ajouter que si l'engouement de ces sortes d'études répandit sur la langue du XVIIe siècle une circonspection peut-être trop timide, il ne serait pas juste d'en faire à l'Académie un reproche trop absolu. Même avant son existence, bien des causes générales concouraient à imprimer cette tendance aux esprits. Dès le règne de Henri IV, dont Malherbe est le plus illustre représentant littéraire, la prépondérance définitive du pouvoir royal préparait l'unité, l'uniformité du langage. Dès le moment où Richelieu eut concentré sous sa main toute la vie politique du royaume, les manières de la cour et son langage ne purent qu'exercer une influence décisive sur les mœurs et le langage de la nation. Or, quels sont les caractères dominants du langage dans ces brillantes réunions dont le pouvoir absolu s'environne? Ce n'est, bien entendu, ni la véhémence de l'orateur qu'anime le besoin de subjuguer une multitude souveraine, ni l'audace, ni l'énergie de l'écrivain qui n'attend sa gloire que de ses acclamations passionnées. Le génie de la parole, loin d'agiter les destinées du monde, borne son ambition à s'attirer un regard du maître; pour lui, à l'orgueil de la domination a succédé un pur désir de plaire. Au lieu donc de ces mouvements violents, de ces âpres beautés qui remuent les hommes dans un état démocratique; au lieu de cette libre association de vingt dialectes épars, comme la souveraineté, sur la surface du sol, le langage dans la cour d'un roi absolu, offre, dans sa rigoureuse unité, mille nuances délicates que l'observation des rangs a fait naître, et auxquelles l'influence des femmes ajoute de nouvelles finesses et un raffinement nouveau. L'idée de l'élégance, de la noblesse, s'attache à tout ce qui rappelle les manières, le ton de cette société choisie. Toute locution inusitée dans son sein sent l'homme de bas lieu, le bourgeois, ou, tout au plus, le gentilhomme campagnard. C'est ainsi que la langue tend à s'épurer en s'appauvrissant, et que l'étude trop scrupuleuse de l'usage substitue à l'énergie l'élégance, à l'originalité, à la vie, la correction, la régularité et la froideur. Telles étaient les influences générales sous lesquelles l'Académie composa d'abord son Dictionnaire. Je n'ai jusqu'ici envisagé qu'indirectement cet important ouvrage. J'en reprendrai l'examen dans un prochain article.

(DEUXIÈME ARTICLE.)

A certains reproches souvent dirigés contre cet ouvrage, il ne paraît pas que son objet ait été assez nettement compris. Quelques omissions, fort légitimes, selon moi, pour la plupart, ont semblé à plusieurs critiques une imperfection grave; ils auraient voulu trouver dans le Dictionnaire de l'Académie, je ne dis pas seulement tous les mots dont se compose la langue usuelle et littéraire, mais l'explication de tous les termes techniques, l'inventaire complet de tous ces instruments spéciaux que, dans leur marche, les sciences, les arts, les métiers même inventent pour leurs besoins. De la sorte, il est vrai, le Dictionnaire de l'Académie n'eût plus été le répertoire authentique de la langue française; c'eût été une pauvre et maigre encyclopédie, un indigeste amas de cent jargons divers presque aussi étrangers a l'idiome national, et, dans leur ensemble, presque aussi éloignés des notions du public le plus éclairé, que le vocabulaire de telle langue morte ou de tel patois obscur.

L'Académie ne me semble donc pas avoir été trop exclusive à cet égard. Je lui reprocherais plutôt d'avoir été trop facile. Déjà, dans l'édition de 1762, elle avait admis beaucoup de termes techniques, que, généralement, on jugea déplacés dans son dictionnaire. L'Académie avait résolu de les faire disparaître des éditions suivantes; elle aurait gagné, je crois, à s'en tenir à cette décision. Dans toutes les professions dont les besoins particuliers ont donné naissance à une sorte d'idiome à part, la force de l'habitude tend toujours à transporter dans le langage ordinaire l'argot du métier. De toutes les portes ouvertes à la barbarie du langage, celle-là est la plus large. Il appartenait à l'Académie de repousser cette invasion, au lieu de la favoriser. Il y a un caractère auquel on peut reconnaître l'étrangeté de tous ces mots de science ou d'industrie, tant qu'un usage général ne les a pas nationalisés, c'est qu'ils se refusent à la métaphore. J'ouvre, par exemple, le Dictionnaire de l'Académie, et je tombe sur le terme de marine SANCIR : « *Il se dit d'un navire qui coule bas en plongeant son avant le premier.* » Si je disais qu'un dictionnaire de la langue française où seraient admis tous les termes de cette nature, courrait grand risque de *sancir* dans l'opinion des gens de lettres, la figure ne manquerait pas de justesse, et l'expression n'en serait pas moins barbare. C'est que ce mot de *sancir*, bon peut-être dans le jargon de la marine, est étranger à la langue française, et n'y peut prendre par conséquent aucun sens figuré. Par la même raison, bien que cette remarque se rattache à ma façon de concevoir un dictionnaire de la langue française, je me garderais bien de dire qu'elle s'y *amarre*.

L'histoire de cette sixième édition présente un fait qui, à lui seul, prouverait l'irruption d'une foule de mots intrus dans le travail de l'Académie. Les quatre classes de l'Institut, et même quelques célébrités qui leur sont étrangères, ont été appelées à fournir les définitions d'un certain nombre de mots bien peu français apparemment, puisque le premier corps littéraire de la France s'est trouvé dans l'impossibilité d'en bien déterminer le sens.

Je suis loin, comme on voit, de me plaindre que l'Académie n'ait pas admis un assez grand nombre de mots dans son dictionnaire. En vérité, c'est pour une langue, une bien misérable sorte de richesses que celles dont l'arithmétique peut donner la mesure. Il n'est pas d'époque de décrépitude littéraire qui, sous ce rapport, ne l'emporte de beaucoup sur les époques les plus brillantes de l'esprit humain. Voulez-vous savoir jusqu'à quel point cette stérile abondance constitue la richesse des langues? suivez-les dans leurs progrès; voyez comment elles se perfectionnent. Demandez aux hommes de génie qui leur ont donné tant d'âme, qui leur ont imprimé une marche si ferme, et prodigué de si riches couleurs; demandez-leur par quel secret ils les ont élevées si haut au-dessus de la conception vulgaire; par quel art ils en ont fait des interprètes si harmonieux, si pittoresques de la passion humaine, ou des instruments si analytiques, si précis, si pénétrants de la méditation abstraite? Certes ce n'est point par l'invention des mots que cette œuvre s'est accomplie. Cet expédient, les plus grands écrivains en ont été les plus sobres. Qu'on fasse le relevé de leur vocabulaire, on le retrouvera tout entier dans l'idiome usuel, et cet idiome, à mesure qu'il se grossira plus tard de termes nouveaux, ne fera souvent que s'enfoncer dans la barbarie. Si le nombre des mots faisait la richesse d'une langue, celle de Boece ou d'Ausone ou de tel autre écrivain barbare, serait plus riche que celle de Cicéron et d'Horace.

C'est que, de quelque importance fondamentale que soit le vocabulaire dans les langues, ce n'est point encore la partie la plus intime, la plus caractéristique de leur génie. Un grand nombre de mots peut vieillir et tomber en désuétude; d'autres peuvent les remplacer, sans qu'une langue ait subi aucune altération notable. C'est par les révolutions qui s'operent dans sa phraséologie qu'elle tend surtout à se déconstruire. Peut-être chaque peuple imprime-t-il à son vocabulaire quelque chose qui tient de son caractere propre et du tour de son esprit; mais à coup sûr la syntaxe de sa langue, mais sa phraséologie sont l'œuvre immédiate de sa logique particuliere et l'expression la plus vivante de sa maniere d'imaginer, de raisonner, de concevoir; là s'offrent une foule d'idiotismes, ces locutions intraduisibles où l'esprit indigène a fortement marqué son empreinte, et où l'ellipse semble ne secouer le joug de la grammaire générale que pour se modeler plus exactement sur la physionomie particuliere de chaque nation.

Dans cette partie surtout, le Dictionnaire de l'Académie est digne de tous les éloges dont il a été l'objet, et de mieux encore, car je ne vois pas qu'on l'ait assez attentivement étudié sous ce point de vue. Les éditions précédentes pouvaient déjà être considérées comme le dépôt le plus complet, le plus exact, je dirai même hardiment le plus philosophique des formes si variées du langage. Celle-ci a été encore notablement perfectionnée sous ce rapport. Toutes ces nuances insaisissables dont la langue usuelle abonde, tous ces tours ou la pensée trouve l'image de ses mouvements si déliés et de ses formes si ondoyantes, sont consignes dans ce livre par des exemples bien choisis et bien classés, qui présentent chaque mot dans toutes ses acceptions diverses. C'est surtout en ce sens qu'on peut dire que toute la langue française est là. Voila ce qui fait de ce dictionnaire un ouvrage complet, le véritable code du langage et le chef-d'œuvre de son genre. Puiser des mots à toutes les sources, les entasser sans discernement, et en faire la compilation la plus volumineuse qui ait paru, c'est un mérite banal que M. Napoléon Landais lui-même peut à loisir disputer à l'Académie; mais, je le demande à tous ceux qui ont quelque notion de l'art d'écrire et attachent quelque prix a la pureté du langage, quel est le dictionnaire, non-seulement parmi nous, mais dans aucun autre pays, qui, pour tout ce qui tient à la phraséologie, puisse être comparé a celui-là?

L'ouvrage collectif de l'Académie ne présente pas, on le conçoit, ce caractère systématique, cet esprit d'unité rigoureuse qu'une seule main pourrait imprimer à son œuvre. De là, selon moi, un mérite de plus dans son dictionnaire. Le poete, uniquement attentif aux belles métaphores dont un mot peut se colorer, n'a pas enlevé à la langue philosophique sa précision sévère; l'idiome poétique ne s'est pas non plus desséché dans l'alambic du métaphysicien; tous les éléments de la langue ont été rassemblés sans altération dans ce dictionnaire. On pourrait appliquer à l'Académie ce qu'un savant d'Italie a dit de Pétrarque : « Elle semble n'avoir choisi et arrangé ses mots que d'après le consentement universel de la nation. » Avant de donner cette sixième édition, ce sentiment exquis de l'usage, cet éloignement pour tout esprit de système l'ont fait revenir sur une partie de son travail, ou l'influence de son ancien secrétaire perpétuel, M. l'abbé Morellet, avait laissé je ne sais quelle aride empreinte. Une logique exacte et deliée, mais parfois plus subtile qu'étendue, s'y faisait trop sentir.

Au lieu de se borner à définir didactiquement les mots par le genre et la différence, l'Académie les accompagne de synonymes qui les entourent de lumière par le rapprochement de toutes les idées voisines; elle les suit à travers les diverses transformations intellectuelles qu'ils subissent; et, ce qui me semble donner aux phrases dont elle les fait suivre, un inestimable prix, c'est le tact avec lequel y sont recueillis toutes les locutions proverbiales, toutes les formes du langage familier, tous les tours de la conversation.

Quant aux proverbes, par cela seul qu'une longue circulation en a fait, pour ainsi dire, l'œuvre de tout le monde, la surtout doivent se dessiner d'une manière caractéristique les traits nationaux d'un idiome; la, le goût du terroir a, si j'ose ainsi parler, plus de saveur. Souvent la trivialité de ces proverbes s'écarte étrangement des convenances du beau langage; d'accord; mais, par bonheur, un dictionnaire n'est pas aussi dédaigneux qu'une harangue académique.

Malgré ses incorrections, le langage populaire doit être regardé par toute philologie éclairée comme la base nécessaire, comme la source inépuisable de la langue écrite. C'est là que Villon trouva la véritable physionomie de notre langue, qui, pour la premiere fois, parait sous sa plume dans toute sa piquante originalité. Réduit par d'assez faibles études aux ressources qu'un heureux instinct peut découvrir dans les finesses de la conversation, c'est là aussi que Marot trouva cette ingénieuse naïveté qui a fait vivre ses vers. Oui, grâce peut-être à son peu de commerce avec les livres, Marot n'en observa que mieux les délicatesses de l'usage, et tel est le bonheur avec lequel il y saisit le tour de l'esprit français, que, dans les deux siècles suivants, au milieu de toute notre pompe littéraire, trois immortels écrivains n'ont cru pouvoir donner plus de charme à la poésie légère, qu'en exhumant le badinage de cette muse aux joyeusetés folâtres. Malherbe qui, par une savante étude de la langue usuelle, en fit sortir l'idiome poétique qu'avant lui les *hellémiseurs* de la Pléiade avaient en vain demandé au grec et au latin, Malherbe, le puriste Malherbe, proclamait les crocheteurs du port au foin ses maîtres en fait de langage.

Comme l'a observé Fontenelle, « toute langue cultivée se partage en deux branches différentes, dont chacune a un grand nombre de termes que l'autre n'emploie point.» D'un côté, la langue de la conversation, celle que tout le monde parle, libre dans sa marche, inégale, svelte, peu soucieuse du beau choix des mots ou de la symétrie de la phrase; de l'autre, la langue académique, la langue d'apparat, pompeuse, amie de la périphrase, et scrupuleuse a donner à la pensée tous les développements que réclame une période bien pondérée. C'est à Malherbe que remonte cette division de notre langue en deux branches, qu'on a depuis tenues trop soigneusement séparées. A partir de son disciple Balzac, qui le premier découvrit la période oratoire, nous avons eu, en effet, une langue noble qui se distingue de l'autre autant par ce qu'elle affecte que par ce qu'elle dédaigne. Une dignité monotone y a remplacé la variété, la vérité, la vie. Craignant toujours de cesser d'être elle-même, en cessant d'être solennelle, cette langue noble a voulu tout anoblir. Ainsi l'art de bien dire a trop souvent consisté à faire, comme dit Montaigne, *de grands souliers pour un petit pied*. Envisagée dans ses formes et, jusqu'à un certain point, dans son vocabulaire, cette langue noble n'offre qu'un système artificiel, et se renferme dans un cercle étroit. Au reste, son règne peut être considéré comme fini. A juger de la tendance actuelle de notre langue, par ce qui a quelque valeur dans la littérature contemporaine, tout en restant fidèle à sa syntaxe aujourd'hui fixée, elle revient à la libre allure qu'elle avait au seizième siècle, lorsque la période était purement instinctive, et lorsque le *beau langage* n'était pas trouvé. L'harmonie devient un besoin moins impérieux, ou du moins, les idées de l'écrivain ne l'acceptent plus comme un moule inflexible qu'elles auraient à remplir; la phrase, au lieu de se balancer majestueusement, se brise ou va par bonds, et la pensée la plus fière de Châteaubriand revêt volontiers une expression populaire. E. M.

COURRIER FRANÇAIS.

.... Une langue, c'est la forme apparente et visible de l'esprit d'un peuple.
(*Préface du Dictionnaire.*)

Le monument le plus précieux et en même temps le plus durable d'un peuple, c'est sa langue. Il serait même permis de dire que les langues sont immortelles comme les idées, car l'expression de langue morte n'est que figurée, et elle veut dire seulement que le peuple qui la parlait a disparu comme nation du théâtre du monde; dépositaire de ses sentiments et de ses pensées, elle reste après lui comme un testament fidèle, dans lequel il lègue à ceux qui doivent venir, les expériences qu'il a tentées, les vérités qu'il a découvertes, les joies et les douleurs qu'il a éprouvées dans sa longue et laborieuse carrière.

La science des mots, si elle est bien faite, est la science des idées, et c'est la reconnaissance de ce principe qui a donné, dans notre siècle, une si grande importance aux études linguistiques, trop longtemps regardées comme l'objet d'une stérile curiosité. Les ouvrages de grammaire et les dictionnaires demandent aujourd'hui plus de talent encore que d'érudition et de patience.

La langue d'un peuple qui a longtemps vécu reflète exactement son caractère et son histoire; la nôtre surtout en est un frappant exemple; depuis les balbutiements naïfs de son enfance jusqu'au langage sévèrement formulé de son âge mûr, elle a passé par toutes les phases, elle a subi toutes les conditions de la société dont elle était l'expression et la forme sensible. A mesure que notre nationalité va s'affranchissant des différences de race et d'origine, en même temps et par des progrès égaux, notre langue se dégage des idiomes nombreux et divers qui ont concouru à la former; elle arrive à l'unité, c'est-à-dire à l'indépendance, au moment même où la fortune de la France vient de triompher, par le génie de la royauté, de la diversité féodale. A dater de cette époque, sa syntaxe ne flottera plus indécise, les mots auront trouvé leurs rapports légitimes; elle ne sera plus ni latine, ni germaine, ni grecque, elle sera française. Les expressions empruntées aux langues primitives ont subi bientôt l'influence de son génie, sont devenues sa propriété, pareilles à ces plantes depuis longtemps importées et qu'on croirait aujourd'hui les enfants naturels de notre climat et de notre sol. Parvenue à ce point de développement, elle recevra la législation du génie et elle aura la gloire, comme les langues classiques, d'être l'organe de la civilisation, et de résumer à son tour, dans une glorieuse littérature, toutes les idées d'une époque. Cette belle langue du grand siècle, malgré sa perfection, ou plutôt à cause de sa perfection, ne devait pas être la dernière forme de l'esprit français. Elle était d'une noblesse trop sévère, d'un goût trop exclusif; semblable aux jardins de Versailles, elle avait scrupuleusement aligné le feuillage et les fleurs, et elle sacrifiait parfois la liberté à la grandeur. Le XVIIIe siècle vint lever hardiment les barrières, lui donner une allure un peu plus plébéienne, et la préparer à devenir ce qu'elle est aujourd'hui, la langue du tiers état, la langue de la démocratie. Ce ne fut pas déroger, à notre avis, que de quitter la cour de Versailles pour la tribune des assemblées nationales.

Le moment est bien choisi aujourd'hui pour faire l'inventaire des richesses de notre langue; ce n'est pas que nous la croyions arrivée à un point de développement qu'elle ne doive plus dépasser : non, elle ira toujours se modifiant, étendant son domaine, élargissant ses formes, mais elle gardera le génie qui la caractérise aussi longtemps que subsistera la nationalité française; elle n'a plus à subir dans l'avenir de révolutions semblables à celles qu'elle a éprouvées du XIVe siècle à la fin du XVIe, parce qu'elle est maintenant identifiée à la nation, une comme elle, et qu'elle se prête sans efforts à l'expression de sa vie. Un dictionnaire publié dans de pareilles circonstances doit avoir une très-grande importance, et nous allons l'examiner avec autant d'exactitude que peut le permettre un travail de quelques jours.

Il y a bien des systèmes pour faire un dictionnaire, mais tous ont leurs inconvénients comme leurs avantages; le meilleur, sans doute, serait celui qui, combinant les différentes méthodes, parviendrait à résoudre toutes les questions qu'on peut élever sur une langue, questions d'origine, de formation, d'étymologie, de grammaire et d'usage. Ce n'est pas ce qu'a voulu l'Académie : son but a été seulement de constater l'état actuel de la langue, de faire un livre plutôt d'utilité que de science, un inventaire scrupuleux de toutes les expressions et de toutes les manières de dire que s'est appropriées la pensée française. L'Académie ne s'est pas donné cette tâche, elle l'avait reçue.

Le Dictionnaire est précédé d'une préface qui contient de hautes observations sur le développement de notre langue, et qui nous explique la succession des travaux philologiques de l'Académie depuis 1637, où la première idée du Dictionnaire fut conçue, jusqu'à l'édition qui nous occupe. Ce morceau, dû à la plume de M. Villemain, est très-bien placé à la tête du répertoire de notre langue, car on peut le citer tout entier comme un modèle de cet idiome français, conquérant pacifique des intelligences, qui sait allier la clarté à la noblesse, la simplicité à l'élégance, la concision à l'harmonie. M. Villemain ne nous a pas désigné ceux de ses collègues qui ont le plus contribué à l'achèvement du Dictionnaire, dont quinze ans de lenteur menaçaient de rendre le travail éternel; mais leurs noms n'échapperont pas à la reconnaissance du public. Tout le monde sait aujourd'hui que la plupart des mots de la langue littéraire sont dus à la sagacité de M. Andrieux, que nous appelions le dernier des classiques et auquel Voltaire semblait avoir légué son esprit et sa langue. Celui des quarante qui, après Andrieux, s'est le plus occupé de cette œuvre de patience, est M. Raynouard, qui a signalé son secrétariat par le travail le plus dévoué et le plus persévérant.

Si nous voulons arriver maintenant à une idée de l'ouvrage qui nous permette de le juger dans son ensemble, il faut que nous examinions quelle est sa méthode, dans quel ordre les différentes acceptions des mots de notre langue ont été présentées et déterminées. Classer les sens divers de tous les termes, dégager par l'analyse les idées qu'ils représentent, suivre avec une attention scrupuleuse les jeux souvent capricieux de l'analogie, fixer au nom du peuple et du siecle l'étendue actuelle, la valeur légitime de tous les signes, tel est le plan que s'est proposé le Dictionnaire, et voici comment il procède.

Chaque mot de la langue est suivi d'une *définition* ou explication qui s'applique à son acception la plus générale, la plus populaire. Cette définition est toujours accompagnée de citations dans lesquelles le mot à expliquer présente toutes les nuances du sens qu'on veut fixer : viennent ensuite, sous le même titre, les locutions familières et proverbiales, les tours tantôt concis et nerveux, tantôt naïfs et simples, qui composent la partie la plus précieuse d'une langue, parce qu'ils sont l'expression du bon sens et de l'esprit du peuple. L'étude du sens général terminée, nous passons aux acceptions variées, en les classant toujours d'après leur plus ou moins d'étendue, jusqu'à ce que nous arrivions aux dernières limites du mot, aux acceptions spéciales et particulières que l'analogie lui a données. Cette méthode est adaptée à toutes les espèces de mots; et, si elle n'est pas scientifique, elle convient parfaitement, à cause de sa simplicité, à un travail d'utilité pratique, qui voulait seulement constater l'état de la langue, sans prétendre en faire l'histoire. Les autres méthodes présentaient dans l'application d'immenses difficultés. Si on classait les termes dans l'ordre chronologique, on était obligé de faire l'histoire des autres langues avant d'arriver à la nôtre, aujourd'hui surtout que la philologie comparée nous a révélé l'enchaînement qui unit entre elles toutes les langues humaines. Un dictionnaire complet, sous le rapport de la formation et de l'histoire des mots, demanderait au moins huit à dix volumes.

Nous avons vu, avec regret, que l'Académie, suivant sur ce point les premiers dictionnaires, n'avait laissé aucune place à l'étymologie. Les progrès de la science, en rendant cette partie difficile, l'ont en même temps rendue intéressante ; il y a déjà des résultats curieux qu'il aurait été bon d'indiquer dans un nouveau travail sur notre langue, publié par un corps savant ; on craignait de tomber dans les incertitudes, dans les suppositions téméraires et souvent ridicules des étymologistes, et cette crainte était bonne ; toutefois il aurait mieux valu donner en attendant les origines certaines et se contenter de la définition dans les autres cas. L'étymologie est indispensable à l'intelligence des termes composés de plusieurs mots étrangers, comme notre langue en contient tant aujourd'hui. Une définition peut-elle remplacer l'étymologie pour les mots *Androgyne*, *Mythologie*, etc. ? En se contentant de les expliquer, comme le Dictionnaire, on en fait des signes abstraits et morts, tandis que la connaissance de l'étymologie leur aurait prêté une signification vivante.

Le *Dictionnaire de l'Académie* est-il complet ? Même avant de l'avoir étudié, nous aurions répondu : Non, il n'est pas complet, parce qu'un dictionnaire *complet*, dans le sens absolu du mot, est impossible. Voulez-vous que l'on y comprenne les mots propres à toutes les sciences, à tous les arts ? alors faites une encyclopédie (1). Les mots qui sont entrés dans la langue usuelle du peuple, les noms qu'il connaît sans avoir eu besoin de faire pour cela des études *spéciales*, qu'il entend parce qu'il est Français, et qu'il a participé à l'éducation commune ; ces mots et ces noms ont seuls le droit de prendre place dans le répertoire de sa langue. Chaque science a sa nomenclature qui lui est propre, chaque science est une langue à part, et si je veux connaître les termes qu'elle emploie, je consulterai son dictionnaire, de même que si je veux avoir le sens d'un mot anglais, je consulterai un dictionnaire anglais. Il suffit de jeter les yeux sur un livre de minéralogie, de médecine ou de botanique, pour s'assurer que tous ces termes composent une langue distincte, qu'il est sans doute très-bien d'étudier, mais qui ne fait pas partie de notre langue usuelle, de notre langue littéraire.

Le *Dictionnaire* contient-il tous les mots reçus dans ce que nous appelons le domaine de la langue ? Nous ne pouvons répondre à cette question d'une manière précise, parce que nous ne l'avons pas encore assez étudié. Cependant on peut dire que le *Dictionnaire* a laissé encore des lacunes à remplir. Il y a quelques mots usités depuis longtemps dans le langage ordinaire, et même employés dans la langue littéraire, que l'on cherchera en vain dans ce travail. Nous avons sous les yeux une liste des omissions de l'Académie. Voici les seuls dont l'oubli nous paraît le plus à regretter : *canalisation*, *comfortable*, *caléfacteur*, *fédéralisme*, *fertilisation*, *éditer*, *fashionable*, *capitaliser*.

C'est un malheur sans doute de ne pas rencontrer dans un dictionnaire que l'on regarde comme faisant autorité, des mots légitimement admis par l'usage au nombre des richesses de la langue ; mais, tout en regrettant les omissions, nous ne pouvons nous empêcher de rendre justice au mérite du Dictionnaire. Nous avons parcouru avec attention les mots les plus importants de la langue, et nous les avons trouvés admirablement traités dans toutes leurs acceptions. Nous engageons à consulter, comme exemple de la méthode et de l'analyse, les mots : *Constitution*, *Conscience*, *Droit*, *Idée*, *Image*, *Nature*, *Temps*, *Voir*, et tous les termes susceptibles d'un grand nombre de significations propres ou figurées.

L'Académie n'a pas la prétention d'être infaillible : comme tous les pouvoirs, elle a au-dessus d'elle une souveraineté qu'elle reconnaît et dont elle a essayé d'être l'organe ; cette souveraineté, c'est la voix du peuple qui, en grammaire, porte le nom d'usage. Un mot jouira, à titre légitime, du droit de bourgeoisie ; s'il a été accepté par le peuple pour désigner un objet qui a une existence réelle et durable, quand même il aurait été oublié par l'Académie. Ce qui est important pour le Dictionnaire, c'est que ces omissions soient peu nom-

(1) Pour satisfaire complètement ce besoin de connaître la définition d'une foule de termes techniques étrangers à la langue littéraire, mais qui se présentent quelquefois soit dans les journaux, soit dans la conversation et les livres, MM. Firmin Didot, éditeurs-propriétaires du Dictionnaire de l'Académie française, publient, sous la direction de l'un des membres qui ont le plus coopéré à la rédaction du Dictionnaire de l'Académie, un énorme volume, intitulé : *Complément du Dictionnaire de l'Académie française.* Ce complément, qui renferme plus de cent mille mots qui ne se trouvent point et ne doivent point se trouver dans le Dictionnaire de l'Académie, est rédigé par un grand nombre de professeurs, d'érudits et de littérateurs auxquels sont confiés chacun des articles dans les diverses branches des connaissances humaines dont ils ont fait une étude spéciale.
Un travail aussi immense et qui traite de tant de spécialités, ne pouvait être exécuté que par le concours d'un grand nombre de personnes ayant toutes les connaissances spéciales exigées pour chacune de ces sciences. Ce travail, commencé depuis cinq années, sera achevé à la fin de 1838. Dans ce genre de travaux faire vite et bien, sont deux conditions impossibles.

breuses, et nous pouvons assurer qu'on n'en trouvera pas beaucoup de réellement importantes. Les termes scientifiques sont même plus nombreux et mieux définis que dans tous les lexiques généraux publiés jusqu'à ce jour, et leur rédaction a été revue par les membres les plus compétents des autres Académies, pour chaque spécialité. Les termes d'astronomie et de physique ont été revus par MM. de Laplace, Delambre, Fourrier; ceux d'histoire naturelle par Cuvier ; de peinture par M. Guérin ; de chimie par M. Thénard, etc.

Tous les hommes qui se sont occupés sérieusement de philologie savent qu'il y a toujours dans les langues un grand nombre d'expressions à l'état de fluctuation et d'incertitude, qui attendent l'épreuve d'un long essai, avant de mériter d'en faire partie. Il était prudent, selon nous, d'ajourner leur admission jusqu'à ce qu'elles eussent reçu la sanction du peuple et du temps : on remarquera que beaucoup d'expressions omises appartiennent à cette classe. Ce que nous attendions d'un pareil travail, c'était un examen analytique, un exposé scrupuleux des procédés et des richesses de notre langue littéraire, et, sous ce point de vue, nous croyons que l'Académie a réussi. Il resterait maintenant à étudier la formation, le développement historique, les étymologies de notre langue, à classer logiquement et chronologiquement tous les termes qu'elle emploie, et nous espérons qu'un avenir peu éloigné verra commencer ce monument scientifique élevé à l'honneur de notre langue. B.

LE TEMPS.

(PREMIER ARTICLE.)

Il n'existera jamais de dictionnaire parfait dans une langue imparfaite, ou, pour m'exprimer plus largement, un dictionnaire irréprochable est un ouvrage impossible dans une langue qui n'est pas fixée, et nulle langue n'est fixée tant qu'elle est vivante. Il en est de la parole de l'homme comme de sa réputation et de son bonheur, dont, suivant l'expression de Montaigne, on ne peut juger qu'après sa mort.

Un dictionnaire est cependant un livre utile, un livre indispensable, un livre de tous les moments. Sans dictionnaire, il n'y a que vague dans les mots, dans les acceptions qui sont l'esprit des mots, dans l'orthographe qui en est la raison. Les nations ont besoin de dictionnaires sous peine de ne pas s'entendre dans leur propre langage, et elles n'y sont que trop disposées; mais il ne faut demander aux dictionnaires que ce qu'ils peuvent donner, et le pouvoir relatif du lexicographe a des bornes très-étroites, parce que sa tâche n'en a point. Le meilleur des dictionnaires possibles, c'est donc seulement le moins mauvais.

On a fait contre la première édition du *Dictionnaire de l'Académie* trois critiques spécieuses qui valent la peine d'être discutées. On a reproché à l'Académie d'avoir dédaigné l'étymologie des mots, de ne s'être pas tenue au courant des nomenclatures scientifiques et industrielles, de ne s'être pas appuyée de citations empruntées aux écrivains accrédités de son temps. On y ajoutait alors le reproche plus légitime selon moi, mais je suis seul aujourd'hui de mon avis, d'avoir contribué, par un exemple imposant, à l'altération de l'orthographe.

Pour se former une opinion raisonnable de l'œuvre de l'Académie, et pour en comprendre les conditions nécessaires, il faut remonter à l'époque où elle lui fut imposée dans le dessein de fixer et surtout de conserver la langue. Il en est de la bonne critique ainsi que de la bonne législation qui n'a point d'effets rétroactifs.

L'étymologie était fort étudiée au dix-septième siècle. Elle l'était peut-être trop, parce qu'elle l'était mal, et qu'elle ne pouvait l'être mieux, dans une langue qui avait mis en oubli les langues intermédiaires, qui ne savait rien des langues primordiales, et qui ne pouvait rattacher ses origines aux langues classiques qu'à travers une foule d'hypothèses et de paradoxes. Ménage, qui manquait toutefois à l'Académie, car c'était un homme de grand savoir, était lui-même un fort mauvais étymologiste, et il aurait entraîné cette illustre compagnie dans de graves erreurs, si elle avait eu foi à sa parole. L'Académie se montra pleine de prudence et de goût en laissant la recherche de l'étymologie à un âge plus avancé.

Les nomenclatures scientifiques et industrielles étaient une langue mobile et progressive qui se formait à côté de la langue usuelle et littéraire, et qui devait un jour la dépasser en signes propres. L'Académie le sentit, et ce fut un grand mérite à elle, puisque rien ne pouvait lui faire prévoir encore le danger de cette invasion *babélique*, dont toutes les langues sont fatalement menacées. Si elle avait suivi le plan irréfléchi de Furetière, son *Dictionnaire* serait tombé au rang des livres surannés avant d'être sorti de l'impression, et il serait aussi peu consulté aujourd'hui que le *Dictionnaire* de Furetière, les nomenclatures techniques ayant changé plusieurs fois de forme entre chacune de ses éditions. Il y a d'ailleurs une différence énorme entre la langue usuelle des nations, qui est commune à tous, et la langue spéciale des méthodes, qui est écrite pour quelques adeptes, quand par hasard elle est écrite pour quelqu'un. Un *dictionnaire* technologique des vocables qui ont été introduits dans le français pour faciliter l'étude des sciences et en particulier l'investigation des faits naturels, serait sans doute à la fois un monument très-précieux des progrès de l'esprit humain, et un monument très-philosophique de ses aberrations, mais ce ne serait pas un *dictionnaire français*. On peut en juger par les lexiques ambitieux dont les auteurs ont eu recours à ce pitoyable moyen d'enrichir la langue écrite, amalgame hybride et monstrueux des instruments propres du langage, et des instruments factices de cinquante *argots* divers qui hurlent, comme on dit, d'être ensemble. Que l'Académie des sciences fasse donc des *dictionnaires* spéciaux, c'est peut-être son devoir; que l'Académie française s'en tienne au *dictionnaire* du bon langage, tel qu'il nous a été légué par les maîtres de la parole, et qu'elle se garde bien de l'appauvrir de ce luxe malentendu qui renouvelle ses pompeux haillons à l'apparition de tous les systèmes, et qui, mode lui-même, a l'instabilité de toutes les modes. Sa tâche sera encore assez grande, et l'Académie s'est montrée d'autant plus digne de la remplir qu'elle a rarement franchi ses bornes : je voudrais pouvoir dire qu'elle ne les a pas franchies, et cependant sa condescendance s'explique, je l'accuse d'avoir été trop modeste et trop polie.

Quant au défaut de citations et d'autorités, c'est cette question surtout qui demande qu'on se reporte au temps où le *Dictionnaire de l'Académie* fut composé. Il était établi en principe dans la littérature que la langue française datait de Malherbe. C'était une erreur sans doute, une erreur immense, mais une erreur avouée, classique, sacramentelle, qui a prévalu comme une loi; et il y a bien des lois, si on faisait leur histoire, qui auraient une erreur à la racine de leur arbre généalogique. Malherbe était mort il y avait moins de dix ans, quand l'Académie française fut chargée du travail du *Dictionnaire*, et dès sa récente institution, elle avait réuni en elle, sans autre exception que Ménage, tous les hommes qui exerçaient alors quelque influence sur les arts de la parole; car Gabriel Naudé était à Rome, et Pascal et Molière ne vinrent que longtemps après. La citation ne pouvait donc être empruntée qu'à des académiciens vivants, ou tout au plus qu'à ceux qui se décidaient à mourir comme Bois-Robert, en désespoir de voir la fin de l'ouvrage, pendant la lente élaboration des premières lettres; étrange système que celui qui aurait assis les arrêts de l'Académie sur ses propres exemples, et qu'on accuserait légitimement aujourd'hui d'avoir cumulé dans un corps despotique la faculté exclusive de produire et le droit exclusif de juger. Convenons que la prudente réticence de l'Académie fut l'expression d'une haute pudeur littéraire qui ne mérite que des éloges, et qu'elle sortit très-habilement des difficultés de sa position, en substituant à cet étalage orgueilleux de citations qui ne lui était pas permis, l'emploi de ces phrases conventionnelles où se reproduisent plus sûrement toutes les locutions du langage. Définition exacte des mots introduits par la nécessité qui crée les langues, consacrés par l'usage qui les légalise, et approuvés par le goût qui les épure; exemples variés et complets des acceptions auxquelles ils se plient, des modifications qu'ils subissent, des mouvements de la parole qui les déplacent et les transforment, tel dut être le double objet que l'Académie se prescrivit dans son œuvre, et on serait bien rigoureux si on trouvait ce plan trop circonscrit, même pour une agrégation d'hommes d'élite. Un écrivain que la linguistique révère parmi ses oracles les plus infaillibles, a dit qu'une définition exacte était le chef-d'œuvre de l'esprit humain. Qu'est-ce donc que la définition appliquée à tous les mots d'une langue, surtout quand ils se présentent dans cet ordre incohérent de l'alphabet, qui est loin de prêter à l'analyse les lumières de la logique? Eh bien, cette phrase de convention, ce lieu commun de *dictionnaire*, qui explique et développe la définition dans autant d'exemples que le mot peut recevoir d'emplois divers, et qui le saisit, en quelque sorte, comme un autre Protée, pour lui arracher tous ses secrets; cette manière de parler si simple et si vulgaire en apparence, qui justifie les sens du mot écrit par l'autorité bourgeoise, mais essentielle, de la bonne conversation, exige aussi, pour s'énoncer avec justesse et clarté, beaucoup de finesse de tact et beaucoup de netteté d'expression. Qu'on ne s'abuse point là-dessus! Le fameux *Lexicon contextat* de Scaliger n'était pas une plaisanterie, et c'est un livre extrêmement difficile à faire qu'un *dictionnaire* type, qu'un *dictionnaire* de création comme celui de l'Académie. Les copistes ont plus beau jeu, et les Aristarques aussi.

L'Académie a donc agi avec une parfaite sagesse quand elle a repoussé de son plan l'*étymologie*, qui était encore à trouver, la *nomenclature scientifique*, qui sera toujours à faire, et la *citation classique*, impossible dans une langue de vingt ans, dont l'Académie résumait toutes les autorités. Je ne dis pas pour cela, Dieu m'en garde! que l'*étymologie*, la *nomenclature* et la *citation* ne soient des choses fort bonnes en elles-mêmes, et qui demandent d'être écrites avec puissance et gravité, quand on saura les écrire; mais ce n'était alors ni le lieu ni le temps. L'Académie avait à composer le *dictionnaire* de la langue naturelle, à l'éclaircir par des définitions judicieuses, à rendre ces définitions sensibles par des exemples familiers, mais correctement exprimés. C'est ce que l'Académie a fait, et j'ai déjà dit que si elle avait fait autrement, on ne parlerait plus de son *Dictionnaire*, qui est resté règle de langue, *et principium et fons*. Il serait usé aujourd'hui comme les folles étymologies de Court de Gébelin, comme les nomenclatures caduques de Tournefort et de Macquer.

J'examinerai dans un article prochain la dernière édition du *Dictionnaire de l'Académie*, et je n'aurai pas de peine à démontrer qu'elle lui maintient le premier rang parmi tous les *dictionnaires* de notre langue.

(DEUXIÈME ARTICLE.)

Il résulte de mon article précédent que l'Académie française a suivi, à très-peu de chose près, dans cette sixième édition de son *Dictionnaire*, le plan qui lui avait été tracé dès la première; et je n'ai pas hésité à dire que, non-seulement elle avait très-bien fait en ce point, mais qu'elle serait plus louable encore si elle était restée fidèle à ce système dans les occasions, heureusement très-rares, où elle s'en est écartée. Je suis en effet convaincu que des deux innovations auxquelles l'Académie française a obtempéré, d'ailleurs avec une prudente économie, celle de l'orthographe voltairienne et celle de la nomenclature moderne des sciences, il ne restera pas la moindre trace dans la langue usuelle et littéraire, quand la succession des temps amènera la septième édition du *Dictionnaire*, si elle l'amène jamais. Alors, la nomenclature souvent renouvelée se sera réfugiée dans les *dictionnaires spéciaux;* alors, les lois étymologiques de l'orthographe, éclaircies par un bon savoir, seront devenues aussi intelligibles aux esprits justes qu'elles sont rationnelles; ou bien la langue aura fini de finir. Elle sera morte.

Il serait donc fort rigoureux, à mon avis, et je ne saurais trop le répéter, de chicaner l'Académie française sur ces deux concessions qu'elle n'a pu refuser à l'esprit du temps. A force d'entendre dire que l'intelligence humaine était en progrès, l'Académie française a dû croire qu'il en était de même du langage; car l'Académie française est composée d'hommes, et les hommes croient tout ce qu'on leur dit.

Si pourtant l'Académie a laissé à la critique une part qu'elle n'aurait pu lui enlever sans lui en abandonner une autre, elle a offert à la saine lexicographie une compensation immense dans les améliorations notables de cette sixième édition. Des additions innombrables prescrites par l'usage, et confirmées par l'autorité des bons écrivains les plus récents; des définitions plus exactes, ordinairement plus claires et quelquefois plus correctes; une multitude d'acceptions oubliées, restituées à leur place naturelle, et justifiées par des phrases d'exemple bien faites, ou empruntées aux formes les plus vulgaires et les plus accréditées du langage des gens qui parlent bien, donnent à cette édition vraiment classique un avantage considérable sur toutes celles qui l'ont précédée. Le *Prospectus* publié par MM. Didot renferme un curieux *Spécimen* de ces augmentations que le mouvement des esprits et des idées a rendues essentielles, mais qu'un sage esprit de discussion et de critique a maintenues partout dans de justes bornes.

Un des grands écueils des dictionnaires qui se réimpriment, c'est cette émulation du mieux qui a fait tomber tant de lexicographes dans le pire et dans le détestable. Toutes les fois que vous voyez un nouveau dictionnaire se targuer fièrement d'une augmentation de trente mille mots, vous pouvez poser en fait, sans crainte de vous tromper, que ce dictionnaire contient vingt-neuf mille cinq cents barbarismes qui n'étaient pas dans les autres, car il ne s'introduit pas plus de cinq cents mots nécessaires dans une langue, pendant toute la durée d'un siècle; et les honnêtes lecteurs qui se laissent éblouir par ces annonces fanfaronnes, sont sur la voie directe qui mène à désapprendre le français. Rien n'etait plus facile, par exemple, à l'Académie française, que de rajeunir son vieux travail, en le compliquant de ces exemples de prononciation figurée qui font depuis cent ans la fortune de ses plagiaires, si l'Académie n'avait sagement pensé qu'il est impossible de figurer exactement la parole, dans une langue où plus du tiers des sons parlés manquent de signes écrits qui les rendent avec une stricte propriété. Elle s'est donc judicieusement renfermée dans des définitions vagues, sans doute, mais qui ne sauraient être plus précises, et dont l'application ne peut être enseignée que par l'usage. Il sera, je crois, assez piquant d'examiner comment les vocabularistes ont pourvu à cette difficulté radicale devant laquelle reculaient le goût et la prudence de l'Académie. Je m'en tiendrai pour cela au double LL ou L mouillé, dont aucun signe simple ne figure la valeur réelle dans notre alphabet.

Suit une dissertation sur le L mouillé.

Fidèle à la conviction si souvent manifestée dans mes articles et dans mes livres, qu'un dictionnaire parfait dans nos langues imparfaites sera toujours un ouvrage impossible, je n'ai guère fait valoir jusqu'ici dans le *Dictionnaire de l'Académie française* que l'habileté admirable avec laquelle elle a évité, presque en tout et presque partout, les erreurs des autres *dictionnaires*. Mais je serais loin d'avoir rempli tout mon devoir, si je ne rendais, autant qu'il est en moi, une éclatante justice au mérite de ses phrases de définition qui réunissent toutes les qualités d'une définition bien faite, clarté, simplicité, précision, justesse, et dont il a bien fallu que les *dictionnaires* rivaux s'emparassent à leur tour, parce qu'il n'y avait pas moyen de faire mieux. Or, je le répète, la collection des mots qui composent le dictionnaire est un squelette plus ou moins difforme auquel tout le monde est libre d'ajouter quelque membre parasite ou monstrueux. C'est la définition qui en est l'âme, et qui le fait vivre, sentir, et marcher. Il n'y a rien de plus aisé pour les hommes qui possèdent les radicaux de quelque langue ancienne, que d'improviser ces mots *inentendus,* qui donnent un air de nouveauté à la phrase, et qui sont la ressource accoutumée des esprits stériles; mais une définition exacte, complete et claire, comme celles de l'Académie, est une œuvre de savoir, de goût et de raison. J'en dis autant de ces phrases d'exemple, si souvent et si mal à propos critiquées, parce qu'on n'a pas cherché a en faire des modèles elégamment inutiles de style oratoire et littéraire, mais dans lesquelles on a reproduit avec un soin religieux tous les mouvements et toutes les formes du langage.

Comment en serait-il autrement, surtout dans cette nouvelle édition qui a été l'objet de tant d'investigations et de tant de sollicitudes? Il n'y a pas un mot du *Dictionnaire de l'Académie française,* et de ces mots pas une acception, et de ces acceptions pas une application usuelle, qui n'aient été scrupuleusement discutés à diverses reprises dans les séances de ce corps illustre, où tous les arts de la parole ont des représentants. Repris en sous-œuvre, et pour ainsi dire reconstruit durant le secrétariat de M. Auger, assisté d'une commission choisie parmi les hommes les plus versés en lexicologie et en grammaire, puis continué et revu avec un zèle et une patience admirables par M. Andrieux, secrétaire perpétuel de l'Académie, et l'homme de notre siècle qui connaissait peut-être le mieux les finesses de la langue de Voltaire, de Racine et de Pascal, le *Dictionnaire* a été enfin terminé sous le secrétariat de M. Villemain, par les soins de M. Droz, et personne ne pourra contester l'autorité de ces deux écrivains dans toutes les questions qui touchent au langage. Dans celles qui appartiennent a la technologie, et je persiste à dire que l'Académie aurait pu s'y montrer plus sobre encore, sans crainte de tomber dans le défaut d'une timidité mesquine, elle s'est constamment éclairée des lumieres des autres classes de l'Institut, en les consultant chacune suivant sa spécialité, de sorte que la définition scientifique a presque toujours été rédigée pour elle par le savant lui-même qui avait fait le mot, ou qui en avait irrévocablement fixé l'emploi. A le considérer ainsi, on conviendra que le *Dictionnaire de l'Académie française* se distingue essentiellement de tous les lexiques ordinaires, et qu'il s'éleve du rang vulgaire des recueils de vocables nationaux à celui ou de justes respects ont placé les codes et les législations. Ce n'est plus seulement un ouvrage a consulter pour les étrangers et les etudiants; c'est un livre de famille indispensable à quiconque veut parler la langue du pays en connaissance de cause; c'est la *charte littéraire*, la *bible grammaticale* de la nation.

Ajouterai-je que je n'éprouve heureusement aucun embarras a lui payer ce tribut désintéressé? Arrivé trop tard au sein de l'Academie pour prendre part à ses importants travaux, je n'ai aucune part à réclamer dans ses succes et dans sa gloire. Si quelque rayon jaillit encore, après deux cents ans de cette noble institution qui en a vu passer tant d'autres, jamais le moindre de ses reflets ne s'etendra jusqu'à moi.

(TROISIÈME ARTICLE.)

Depuis que j'ai appris à lire, pour mon malheur, et a écrire pour le vôtre, je me suis convaincu de jour en jour, et de plus en plus, que le dictionnaire contient tout ce qu'il y a d'essentiel à savoir pour la direction d'une vie honnête et sensée. Il y a même du luxe.

Cependant, me dira-t-on, si le dictionnaire est le meilleur de tous les livres, comment arrive-t-il qu'on fasse tant de dictionnaires? Comment arrive-t-il surtout qu'on fasse tant de dictionnaires excellents, et que le dernier venu des dictionnaires soit toujours, a l'avis infaillible des journaux, le plus parfait des dictionnaires? C'est une grande question. Ce que j'y vois de plus clair, c'est que le premier dictionnaire d'une nation est un ouvrage de genie, et que les dictionnaires qui viennent après, sont des copies plus ou moins heureuses du premier, augmentées d'une multitude de mots qui ne doivent pas y être, et d'un grand nombre de fautes qui n'y étaient pas, au grand avantage de ceux qui apprennent. Quand les dictionnaires renfermeront autant de ces mots sauvages et de ces fautes repoussantes qu'ils peuvent en renfermer matériellement dans leur petite *individualité in-quarto*, nous serons parvenus à l'apogee de la perfectibilité; nous nagerons en pleine eau dans le progrès. En attendant, il y a des gens qui s'en tiennent encore à la langue française comme elle est, parce qu'elle ressemble encore un peu à la langue française comme elle était, et qu'il est toujours agréable de savoir ce que l'on dit dans le pays où l'on a pris naissance, quoique cela ne serve pas à grand'chose.

Il est probable que cet instinct du sot avenir qui nous menace, a contribué pour beaucoup au succès universel de la sixième édition du *Dictionnaire de l'Académie*. Si j'avais eu l'honneur de faire partie du conseil de ces messieurs, je les aurais engagés à déclarer nettement que c'est aussi la dernière. A supposer qu'il ne fallût qu'une cinquantaine d'années pour en improviser une septième sous l'influence de la presse actuelle, il m'est démontré qu'elle arriverait trop tard. Si la langue française telle que nous la parlons a un demi-siècle de durée future, elle trompera étrangement mes prévisions; mais les poetes, les savants et les charlatans y mettent bon ordre.

Sous ce rapport surtout, la sixième édition du *Dictionnaire de l'Académie* est un des plus curieux monuments littéraires de tous les âges. C'est un testament *in articulo mortis*, déjà mêlé par-ci par-là, mais fort rarement, comme ce dernier travail de la pensée humaine, de quelques-unes des visions confuses de l'agonie. Je parle de ces termes de nomenclatures qu'on reproche à l'Académie de n'avoir pas assez multipliés, et qui sont presque, selon moi, la seule tache de son œuvre. Il fallait reconnaître en principe que la langue des sciences n'était du français que depuis Belon jusqu'à Bernardin de Saint-Pierre, en passant d'un côté par Descartes et Malebranche, de l'autre par Bernard de Palissy, Tournefort, Réaumur et Buffon. Le reste est de la langue polytechnique, de la langue polymatique, de la philomatique, de la langue philotechnique, de la langue de convention, de l'argot sublime peut-être, mais qui n'est pas plus français que les *croix*, les *barres* et les *petites capitales* de l'algèbre. Je comprends très-bien l'intérêt que les savants peuvent avoir à ne pas parler français, mais l'intérêt que les Français pourraient avoir à parler *savant*, je ne le comprendrai jamais. Cependant, c'est le *savant* qui tuera la parole de l'homme; et les efforts des bons esprits n'y peuvent rien, parce que cela est prédit. Que l'Académie n'en persiste pas moins dans la belle mission qui lui est imposée; qu'elle conserve tout ce qu'elle peut conserver de l'admirable langue de Montaigne, dans l'admirable langue de Racine, et de ces deux-là dans l'admirable langue de Rousseau, car il est prédit aussi, quoique d'un peu moins haut, que le jour ou elle consentirait à transiger avec une langue nouvelle, deux grandes choses périront, la langue française et l'Académie.

A ces rares concessions près, dans lesquelles il ne faut voir peut-être qu'un hommage de confraternité, la sixième édition du *Dictionnaire de l'Académie* mérite le succès qu'elle a obtenu. On lui a fait une cinquantaine de reproches, bien ou mal fondés, sur une cinquantaine de locutions, d'acceptions ou de définitions. Passons-en, pour être rigoureusement justes, quelques centaines qu'on n'a pas faites et qu'on ne fera pas, et mettons hardiment la critique au défi de trouver moins à reprendre dans le meilleur des dictionnaires de la meilleure des langues. Elle sera bien embarrassée. Nous nous rappelons distinctement qu'il s'agit dans le dictionnaire de plus de cent mille vérités de fait, et un livre qui ne fait tort au public que d'un demi pour cent sur les vérités qu'il lui a promises, est un comptable de fort bonne composition. Il n'y a pas une partie de la philosophie, de l'histoire, de la littérature vivantes, qui s'acquitte aussi honorablement envers lui. La politique est plus exacte, mais il faut convenir aussi qu'elle est bien plus perfectionnée, et que nous n'avons rien épargné pour la façon. Avec ce qu'elle nous coûte depuis un demi-siècle, on aurait bâti la Jérusalem céleste.

Parmi les argumentations qui rendent cette sixième édition si recommandable, je n'ai pas encore cité la *Préface*, le premier ouvrage de ce genre et d'un pareil développement qui ait été attaché au *Dictionnaire de l'Académie*. On sait que dans ces compositions publiées en son nom, discutées devant elle dans les moindres détails, et où la pensée collective de l'Académie se rend explicite, l'Académie a les droits de l'auteur comme elle en a la responsabilité; mais personne n'ignore non plus qu'en ces occasions, le secrétaire perpétuel tient la plume, et le style de M. Villemain se distingue par assez de qualités qui lui sont propres, entre tant de styles excellents, pour qu'il soit impossible de l'y méconnaître. C'est cette connaissance spirituelle et profonde des mystères de la parole qui fait valoir l'expression par la pensée, et la pensée par l'expression; cet heureux secret du mot mis à sa place, dans lequel consiste une partie du talent d'écrire; l'élégance éclairée par l'érudition, l'érudition ornée par l'élégance; un art exquis de dire tout ce qu'il faut sans trop dire, et de régler l'économie du discours sur son étendue et sur sa portée; l'art plus précieux encore et plus rare de prêter à une dissertation sérieuse tout l'attrait d'un ouvrage d'imagination, en relevant son canevas sévère par des traits fins qui font sourire l'esprit, ou par des traits éloquents qui l'émeuvent et le font rêver. Les meilleures pages, à mon avis, qui aient été écrites sur la langue française, les meilleures peut-être qu'elle inspirera jamais, sont celles dont se compose cette *Préface*, qui mériterait un nom moins modeste, mais à laquelle on ne saurait souhaiter une place plus glorieuse. Il y a des inscriptions qui vivent autant que les temples. Il y en a même qui les rappellent quand ils ne sont plus

Ch. Nodier.

COMPLÉMENT DU DICTIONNAIRE DE L'ACADÉMIE FRANÇAISE,

CONTENANT TOUS LES TERMES

De Littérature, de Rhétorique, de Grammaire, d'Art dramatique, de Philologie, de Linguistique, d'Histoire, de Sectes religieuses, de Chronologie, de Mythologie, d'Antiquités, d'Archéologie, de Numismatique, de Diplomatique, de Paléographie, de Philosophie, de Scolastique, de Théologie, de Droit canon, de Liturgie, d'Économie politique, de Législation et de Jurisprudence ancienne et moderne, d'Anciennes Coutumes, de Féodalité, de Droit, de Pratique, de Diplomatie, d'Administration, de Titres, de Charges et Dignités, d'Art militaire, de Marine, de Fortifications, de Mines, de Ponts et Chaussées, d'Eaux et Forêts, de Domaines et Enregistrement, de Monnaies, de Poids et Mesures, de Douanes, de Postes, de Médecine, de Chirurgie, d'Anatomie, de Pharmacie, d'Histoire naturelle, de Physique, de Chimie, d'Astronomie, de Mécanique, de Gravure, de Commerce, de Banque, de Bourse, d'Arts et Métiers, de Blason, de Fauconnerie, de Chasse, de Pêche, d'Escrime, de Danse, d'Équitation, de Jeux et Divertissements, etc., qui ne se trouvent pas dans le Dictionnaire de l'Académie;

AUXQUELS ON A JOINT :

LE VIEUX LANGAGE; LE NÉOLOGISME; LA GÉOGRAPHIE ANCIENNE ET MODERNE; UN TRAITÉ COMPLET D'ÉTYMOLOGIE

PUBLIÉ, SOUS LA DIRECTION D'UN MEMBRE DE L'ACADÉMIE FRANÇAISE,

PAR M. NARCISSE LANDOIS,

PROFESSEUR AU COLLÉGE ROYAL DE BOURBON, L'UN DES COLLABORATEURS DE LA BYZANTINE,

Réimprimée à Bonn sous les auspices de l'Académie de Berlin,

ET

M. LOUIS BARRÉ,

PROFESSEUR DE PHILOSOPHIE, MEMBRE DE PLUSIEURS SOCIÉTÉS SAVANTES;

AVEC LA COOPÉRATION DE MM.

BARDIN (le général);
BARRE, Graveur en Médailles;
BOILEUX, Avocat,
DE BONNECHOSE, Bibliothécaire du Roi, à Saint-Cloud,
BOTTÉE DE TOULMONT, Bibliothécaire du Conservatoire;
DEFRENNE, Professeur au Collége royal de Saint-Louis,
GUIBERT (Adrien);
JOUANNIN, premier Secrétaire-Interprète du Roi pour les Langues orientales;
JOURDAN, Docteur en médecine, Membre de plusieurs Académies,
LE ROUX DE LINCY,
MARY, Ingenieur des Ponts et Chaussées,
MEISSAS (Achille);
MICHELOT, ancien Officier du génie, Élève de l'École polytechnique;
PARIS (Paulin), de la Bibliothèque royale;
RAVOISIÉ, Architecte, Membre de la Commission scientifique de Morée;
REGNAULT, Ingénieur des Mines,
REGNIER, Professeur au Collége royal de Saint-Louis,
THUILLIER, Recteur de l'Académie de Toulouse, ancien Professeur de philosophie au Collége de Louis le Grand.

En publiant la sixième édition de son Dictionnaire, l'Académie française, fidèle à son institution toute littéraire, fidèle à son but, n'a donné et n'a dû donner que les termes de la langue poétique et littéraire, et ceux du langage usuel. Elle a rempli le cadre qui lui était tracé : son œuvre est complète et n'a nul besoin de *Complément*, car c'est la partie *immortelle de la langue* que renferme le Dictionnaire de l'Académie.

Mais tout n'est pas poétique ou littéraire dans une langue; et à côté du langage usuel se placent les vocabulaires des sciences et des arts, avec leur nomenclature infinie et sujette aux perpétuelles variations que leur imposent les changements et les progrès des sciences et des arts. Cédant jusqu'à un certain point aux besoins de notre époque, l'Académie française a enrichi la dernière édition de son Dictionnaire d'un certain nombre de termes scientifiques et industriels ; mais elle s'est nécessairement bornée à ceux qui sont entrés dans l'usage, puisqu'elle vient seulement constater l'usage, et le sanctionner de son autorité.

C'est ici que l'on conçoit l'utilité d'un Complément. Recueillir, sans aucune exception, tous les termes spéciaux qu'a dû rejeter l'Académie française, quel que soit le vocabulaire auquel ils appartiennent, administration, législation, économie politique, diplomatie, art militaire, marine, philologie, linguistique, beaux-arts, philosophie, théologie, sciences naturelles, sciences médicales, sciences mathématiques, industrie, jeux et divertissements, histoire, chronologie, antiquités, mythologie, archéologie, numismastique, diplomatique, paléographie, etc. ; en un mot, ajouter au vocabulaire du langage usuel, œuvre propre de l'Académie, tous les vocabulaires spéciaux de la langue française, telle est la tâche immense que s'impose l'auteur d'un Complément du Dictionnaire de l'Académie.

Dix livraisons, qui contiennent les trois premières lettres, sont déja publiées et permettent de juger du mérite et de la difficulté d'un pareil travail. La publication de la lettre A a entraîné de longs retards. C'est pour cette lettre, en effet, qu'il a fallu tout arrêter, relativement au plan général, à la forme et à la rédaction, considérés jusque dans leurs plus minutieux détails. L'ouvrage que nous donnons au public n'a pas été, comme on dit, *fait avec des ciseaux :* procédé commode, qui explique la rapidité avec laquelle les lexicographes de nos jours enfantent les *Dictionnaires généraux* ou *universels ;* mais qui exclut les recherches consciencieuses, et dont le résultat inévitable est de perpétuer les plus grossières erreurs. On ne devra donc pas confondre le Complément du Dictionnaire de l'Académie avec un ouvrage rédigé précipitamment lors de la publication du Dictionnaire de l'Académie, et qui a paru, chez le libraire Barba, sous le titre de *Supplément au Dictionnaire de l'Académie.*

Le *Complément du Dictionnaire de l'Académie* est un ouvrage entièrement neuf. Son plan est le plus complet qui ait été conçu pour des travaux de cette nature; son exécution, la seule qui offre les garanties désirables, par la réunion des hommes spéciaux à qui elle a été confiée. C'est par là qu'il se distingue éminemment des nombreuses compilations où l'ignorance entasse au hasard ce qu'elle prend pour des mots, mais ce qui n'offre souvent que des assemblages fortuits de lettres et de syllabes. Le public saura enfin à quoi s'en tenir sur cette foule de termes *scientifiques* ou *technologiques* que les auteurs de dictionnaires s'obstinent à regarder comme usités, bien que les hommes spéciaux les condamnent, et qu'ils soient souvent le produit des méprises les plus étranges. Chacun des mots que renferme le *Complement,* quel que soit le vocabulaire auquel il appartient, a été l'objet d'un examen rigoureux, sous les rapports de signification, d'origine, d'orthographe et d'emploi. On devra donc, nous ne craignons pas de l'affirmer, tenir pour suspects tous les mots que ne donne pas notre *Complément* et qu'on trouverait dans un des *Dictionnaires généraux* ou *universels* récemment publiés. Les rédacteurs du *Complément* se sont conformés au sage systeme de l'Académie française qui prend le bon usage pour regle de ses décisions; et ils n'ont admis que les termes réellement employés dans les sciences et dans les arts. Tel a été leur scrupule à cet égard que non-seulement ils ont rejeté tout ce qui est faux, inusité, barbare, mais que toutes les fois qu'ils ont rencontré dans un dictionnaire un mot sur l'existence duquel s'élevait un doute même léger, ils ne l'ont donné qu'en citant l'autorité à laquelle ils l'empruntaient (1).

Que l'on ne pense pas cependant que cette juste sévérité ait abaissé le chiffre de notre nomenclature. En échange de quelques milliers de barbarismes, nous avons recueilli un nombre dix fois plus considérable d'expressions qui méritent de figurer dans un lexique complet. Un simple calcul lèvera tous les doutes à cet égard.

Nombre d'articles que renferme la lettre A dans les principaux dictionnaires.

		de plus que l'Acad.	de moins que le Complém.
Académie	2379	»	»
Complément	»	8746	»
Laveaux	4993	2614	6132
Boiste	5305	3926	5820
Supplément déja publié	»	5018	3728
Dictionnaire des Dictionnaires.	8545	6166	2580

Comme la lettre A forme en général la 11e partie d'un dictionnaire français, il en résulte que notre Complément renfermera plus de 96,000 mots et l'emportera de 28,000 sur l'ouvrage de ce genre qui se donne pour le plus complet.

A l'appui de ces observations préliminaires, il suffira de faire connaître la part que chacun des collaborateurs a prise à la rédaction, et la responsabilité qu'il accepte devant le public.

M. LANDOIS a été chargé, sous la direction d'un membre de l'Académie, de coordonner les matériaux fournis par les divers rédacteurs, de reviser le manuscrit, et d'arrêter le plan et la forme du Complément. Il est parvenu, grâce aux conseils éclairés de M. DROZ, à remplir cette tâche laborieuse pour la lettre A.

M. BARRÉ, qui a déjà concouru à la révision de la premiere lettre, se charge, à partir du B, de coordonner les matériaux, et de préparer le manuscrit. M. Landois continue de porter, avec M. Barré, sa surveillance sur l'ensemble du travail. Leurs soins ne se bornent pas à donner aux articles fournis par chacun de leurs collaborateurs une rédaction uniforme : ils doivent encore faire remplir les lacunes, redresser les erreurs de détail, et suppléer ce que pourrait exiger le plan général du Complément.

M. le Général Bardin, qui depuis longtemps rassemble les matériaux d'un grand ouvrage sur la science de la guerre, a bien voulu nous fournir *les termes de l'art militaire* tant ancien que moderne.

M. Barré, outre son travail de révision, doit traiter, à l'avenir, les articles de *philosophie,* d'*économie politique* et de *musique.* La premiere de ces trois parties avait été confiée à M. Thuillier qui, dans la lettre A, distingue soigneusement les acceptions diverses que les nombreuses écoles ont imposées aux termes de la langue philosophique. M. Barré continuera ce travail dans le même esprit. Les articles de musique de la lettre A sont dus à M. Bottée de Toulmont : nous avons à regretter que des occupations particulieres l'empêchent de fournir le reste de ce travail.

(1) On ne pouvait admettre comme de véritables autorités certaines publications recentes dont les auteurs ont annoncé la prétention de compléter ou de réformer le Dictionnaire de l'Académie. Sans examiner maintenant si de pareilles speculations admettent un veritable esprit de critique, ou leur oppose avec raison, comme fin de non recevoir, qu'elles sont publiees sous le nom d'un seul individu dont les connaissances, quelque profondes, quelque variees qu'elles soient, ne peuvent suffire à une pareille entreprise.

M. Barré, qui le continuera, est en outre chargé de définir ces expressions que créent journellement l'usage, le caprice des écrivains, la polémique littéraire et politique, et qui ne pouvaient entrer ni dans le plan de l'Académie ni dans aucune catégorie spéciale (1).

M. Boileux a fourni tous les articles de *Législation ancienne et moderne*, de *coutumes*, de *féodalité*, de *droit*, et de *pratique*.

M. de Bonnechose s'est chargé de *l'histoire des sectes religieuses*, de *la littérature*, et de *la rhétorique*. Il a recueilli en outre un assez grand nombre de *proverbes*, que ne donne pas le Dictionnaire de l'Académie.

M. le docteur Jourdan a traité *les sciences médicales*, *naturelles*, *physiques et chimiques*. A cette première partie de son travail il a joint toute *la nomenclature technologique* qu'a dû omettre l'Académie.

Outre sa part dans la révision générale, M. Landois s'est chargé de *la mythologie de tous les peuples connus*; de *la chronologie*, de *l'archéologie*, des *antiquités*, de *l'histoire*; de *la philologie*, de *la linguistique*, des *grammaires orientales*, de *la paléographie et diplomatique*, des *sciences occultes*, de *la théologie*, des *ordres chevaleresques, religieux et monastiques*, du *blason*, du *commerce*, des *arts du dessin*, des *termes de jeux*, *chasse*, *pêche*, *danse*, *escrime*, *équitation*, enfin, du *néologisme*. La biographie n'entrant point dans le cadre du *Complément*, M. Landois a traité la partie de son travail qui a l'histoire pour objet, de manière à en faire un *mémorial des faits de l'histoire rangés par ordre alphabétique*. (Voir les articles : *Abbé du peuple*, *A*, *E*, *I*, *O*, *U*, *Agitateur*, *Empire d'Allemagne*, *Grande alliance*, *Quadruple alliance*, *Sainte alliance*, *Année des ambassades*, etc.) Un dictionnaire historique ainsi conçu manquait à la littérature. M. Landois a été puissamment secondé par MM. Barré et Ravoisié, qui ont revu tous les articles *des arts du dessin*; par M. Jouannin, qui a également revu tous ceux qui se rapportent à l'histoire, aux idiomes, aux religions des peuples de l'Orient. MM. Defrenne et Regnier lui ont remis, le premier, tous les termes de *mythologie* et de *philologie indienne* des lettres A et B ; le second, d'excellents renseignements historiques; ce dernier ne refusera pas le secours de ses lumières pour les lettres suivantes. M. Guibert a fourni des matériaux dans la plupart des parties que traite M. Landois. Il a presque entièrement rédigé les articles de *mythologie classique* des lettres A, B, et C.

M. Mary a donné *les termes d'architecture* et de *construction*, ceux de *marine tant ancienne que moderne*, et ceux *des ponts et chaussées*.

(1) Pour distinguer les articles dus à chaque auteur, on ajoute entre parenthèses, après le mot, le nom de la science à laquelle ce mot appartient, les termes dont il vient d'être question ne portent aucune désignation de cette espèce.

M. Meissas s'est chargé de la *géographie ancienne*. Il a choisi les noms de peuples et de lieux qui offrent un véritable intérêt; il a rédigé les articles de géographie moderne depuis la lettre L. Nous lui devons aussi un certain nombre de termes de *grammaire générale*.

M. Michelot a rédigé les articles de *géographie moderne* jusqu'à la lettre K. Dans l'impossibilité de reproduire tout entière cette immense nomenclature, il s'est borné à tous les lieux remarquables sous le rapport de l'histoire ou de la statistique, aux communes de France au-dessus de 2,000 habitants, et aux principales villes des autres États. Il a traité encore *les monnaies modernes*, qu'il a toutes réduites au pair.

MM. Paulin Paris et le Roux de Lincy se sont chargés *du vieux langage*, dont la connaissance est nécessaire, non-seulement pour l'intelligence de nos vieux auteurs, mais pour celle de quelques-uns de nos contemporains. Remontant aux plus anciens monuments de notre littérature, ils ont admis dans leur vocabulaire tous les mots et toutes les formes qui ont été successivement adoptés par les bons écrivains dans les différentes phases de notre idiome. Leur travail est une des parties neuves du *Complément*.

M. Regnault rédige les articles de *mathématiques*, de *mécanique*, d'*astronomie*, et ceux *des mines*. Il a également donné *les poids et mesures* en usage dans tous les pays, et en a rapporté la valeur exacte en unités métriques.

Il manquerait quelque chose au Complément du Dictionnaire de l'Académie française, si son plan s'arrêtait là. L'Académie n'a pas jugé convenable de donner les etymologies, et l'on conçoit qu'elle n'ait pas voulu trancher par son autorité des questions qui doivent rester encore en suspens; mais les littérateurs qui continuent l'œuvre de l'Académie ne pouvaient craindre de se constituer rapporteurs des diverses opinions énoncées par les érudits. *Un tableau général de l'étymologie française* sera donc annexé au Complément. Cet important travail a été entrepris par M. Barré sur un plan entièrement neuf. Il renfermera tous les mots du Dictionnaire de l'Académie et ceux du Complément, ce qui le rendra plus étendu que tous les ouvrages qui existent sur cette matière. La méthode d'exposition que l'auteur a suivie est propre à jeter un nouveau jour sur les faits d'une science que trop d'esprits dédaignent comme conjecturale.

Le discours préliminaire, qui paraîtra dans une des dernières livraisons, fera connaître avec plus de détail un plan qui n'est ici qu'esquissé, et indiquera les sources où chacun des rédacteurs a puisé.

Les éditeurs peuvent ajouter que la correction typographique, si nécessaire dans un pareil ouvrage, a été l'objet de tous leurs soins.

Typographie de Firmin Didot Frères, rue Jacob, 56.

www.ingramcontent.com/pod-product-compliance
Lightning Source LLC
LaVergne TN
LVHW020312230826
846091LV00006B/2645
9782329645162